外语教育
（2021）

华中科技大学主管
华中科技大学外国语学院主办
《外语教育》编辑部编辑出版

顾问委员会

主　任：束定芳　上海外国语大学

委　员：（按姓名拼音排列）

何莲珍　浙江大学

李霄翔　东南大学

刘龙根　上海交通大学

王海啸　南京大学

王立非　对外经济贸易大学

余渭深　重庆大学

编辑委员会

主　任：樊葳葳

副主任：许明武　徐锦芬

委　员：（按姓名拼音排列）

陈佑林　华中师范大学

黄　勤　华中科技大学

李　昕　华中科技大学

刘泽华　华中科技大学

谭　渊　华中科技大学

汪火焰　武汉大学

王秋华　华中科技大学

杨文秀　华中科技大学

张庆宗　湖北大学

张维友　华中师范大学

张再红　华中科技大学

周江林　华中科技大学

主　编：谭　渊

副主编：黄　勤　陈慧玲

编辑部主任：都建颖

外语教育

(2021)(上)

Foreign Language Education

华中科技大学外国语学院 编

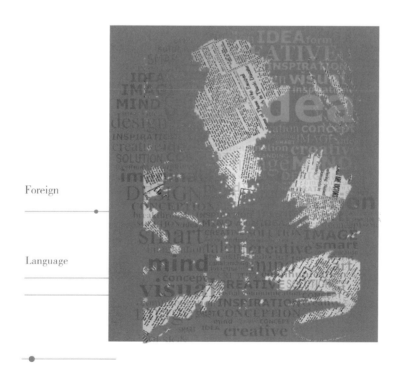

卷 首 语

尊敬的《外语教育》热心读者、作者以及审稿专家，非常感谢大家对本刊的大力支持。在华中科技大学外国语学院与华中科技大学出版社的共同努力下，《外语教育》从2022年开始实行一年两刊，在保证论文质量的同时，加快出刊速度。

本期论文涵盖四个外语教育研究领域：外语教育研究、语言学研究、翻译研究，以及文化与文学研究。在外语教育研究方面，崔广莹在《中国和克罗地亚大学生外语学习焦虑现状调查》中对比分析了中国的英语学习者与克罗地亚的汉语学习者的外语学习焦虑水平，发现两个被试群体的外语学习焦虑存在性别差异、国别差异和内容差异；鲍珍和彭程在《不同类型的词汇搭配水平对概要写作影响的实证研究》一文中探讨了词汇搭配能力与概要写作质量之间的关系；《国外纠正性反馈有效性研究综述》中，徐锦芬和王娅婕基于实证研究文献，对比书面纠正性反馈与口头纠正性反馈的有效性差异，并分析了二者的影响因素。

在语言学研究方面，孙云梅和夏钲鹏在《合作及礼貌语言视角下的中国女性语言特征探究——以〈围城〉为例》一文中，依托合作原则和礼貌原则的理论框架，聚焦于教育程度、角色分工等社会因素对文本所处时代背景下不同中国女性代表的话语特征的影响；在《中美政治语篇中概念隐喻的对比分析》一文中，李婷融入了政治文本视角，将2020年中国《政府工作报告》与美国《国情咨文》进行对比，从语言学视域反观中美两国的社会文化差异；在《及物性视角下中国国家形象研究——以后疫情时代〈中国日报〉"一带一路"报道标题为例》一文中，朱慧分析了中国主流媒体《中国日报》在后疫情时代"一带一路"相关报道标题中建构的中国国家形象。

在翻译研究方面，魏望东在《利用传统注疏翻译〈论语〉——以理雅各和森舸斓为例》一文中，主要探究了中国传统文化典籍《论语》的深度译介；洪淑婷在《中国文学"走出去"背景下的葛浩文、林丽君合译经历研究》中探讨了汉学家葛浩文、林丽君夫妇的成功翻译案例；鲁凯莉在《国际化背景下的翻译研究——基于近十年国内外译学核心期刊论文的计量分析》中，借助对近十年国内外译学核心期刊论文的计量分析，研究我国翻译研究人员如何推进中国译学走向世界。

本期的文学研究论文内容涉及多国著名文学作品。在《论〈一桶蒙特亚白葡萄酒〉中不可靠叙事的道德寓意及讽刺效果》一文中，陈爱华和李越讲述了故事中的故事，探究叙事者的话语风格、道德立场、效果设计等因素对读者产生的影响。《野草在歌唱》是诺贝尔文学奖得主多丽丝·莱辛的成名作，本期有两篇论文都是以该文学作品为研究对象的。在《论〈野草在歌唱〉中的"黑祸论"语境及其负面影响》一文中，吕泽旭通过语境分析，将《野草在歌唱》这一反映非洲殖民地的种族压迫与种族矛盾的文学作品推介给读者。《〈野草在歌唱〉中的自由间接引语与女主人公心理建构》一文中，岳琦和张再红则聚焦女主人公玛丽的心理建构过程，从女性主义视角揭示了父权制是南非殖民地国家女性悲惨命运的催化剂。在《〈马尔特手记〉的死亡叙事与里尔克的死亡观》一文中，周鹏颖以"死亡"为主题，引发读者对生命的深度思考。在《〈杨贵妃传〉：日本文学与日本现实社会的对话》一文中，吴可基于日本作家井上靖写的中国故事，探讨了文学家如何通过特定历史时期下的写作实现社会责任的担当。

　　2022年，全球疫情的持续蔓延、俄乌的战火弥漫提醒我们珍惜生命、祈祷和平。每天发生的事情塑造着我们每个人的世界观，我们通过思想加工，用语言将其表述成不同的故事。法国分子生物学家、诺贝尔生理学或医学奖获得者弗朗索瓦·雅各布曾说，人类大脑有创造秩序的本能，将来自感官的信息进行筛选、重组，从而描述并解释所感知的事物。学术论文，以其独有的形式，讲述着不同风格的故事。一年两刊的《外语教育》诚挚欢迎大家踊跃投稿，在不同的学术领域讲述精彩的研究故事。

《外语教育》编辑部

二〇二二年三月

目　　录

外语教育研究

003　中国和克罗地亚大学生外语学习焦虑现状调查　　　　　　　　　　　　崔广莹
018　不同类型的词汇搭配水平对概要写作影响的实证研究　　　　　　鲍　珍　彭　程
031　国外纠正性反馈有效性研究综述　　　　　　　　　　　　　　徐锦芬　王娅婕

语言学研究

049　合作及礼貌语言视角下的中国女性语言特征探究
　　　——以《围城》为例　　　　　　　　　　　　　　　　　　孙云梅　夏钲鹃
060　中美政治语篇中概念隐喻的对比分析　　　　　　　　　　　　　　　　李　婷
072　及物性视角下中国国家形象研究
　　　——以后疫情时代《中国日报》"一带一路"报道标题为例　　　　　　朱　慧

翻译研究

087　利用传统注疏翻译《论语》
　　　——以理雅各和森舸斓为例　　　　　　　　　　　　　　　　　　　魏望东
096　中国文学"走出去"背景下的葛浩文、林丽君合译经历研究　　　　　　洪淑婷
107　国际化背景下的翻译研究
　　　——基于近十年国内外译学核心期刊论文的计量分析　　　　　　　　鲁凯莉

文化与文学研究

127　论《一桶蒙特亚白葡萄酒》中不可靠叙事的道德寓意及讽刺效果　陈爱华　李　越
135　论《野草在歌唱》中的"黑祸论"语境及其负面影响　　　　　　　　　吕泽旭
142　《野草在歌唱》中的自由间接引语与女主人公心理建构　　　　岳　琦　张再红
151　《马尔特手记》的死亡叙事与里尔克的死亡观　　　　　　　　　　　周鹏颖
162　《杨贵妃传》：日本文学与日本现实社会的对话　　　　　　　　　　　吴　可

Contents

Foreign Language Education Studies

003　An Empirical Study on Foreign Language Learning Anxiety between Chinese and Croatian Students　　*Cui Guangying*

018　An Empirical Research into the Influence of the Levels of Different Collocation Types on Summary Writing　　*Bao Zhen　Peng Cheng*

031　A Review of Studies on the Effectiveness of Corrective Feedback abroad
　　Xu Jinfen　Wang Yajie

Linguistic Studies

049　A Study on the Features of Chinese Women's Language from the Perspective of Cooperative Principle and Politeness Principle: A Case Study of *Fortress Besieged*
　　Sun Yunmei　Xia Zhengjuan

060　A Comparative Analysis of Conceptual Metaphors in Chinese and American Political Discourse　　*Li Ting*

072　The National Image of China from the Perspective of Transitivity: A Case Study of News Headlines in *China Daily* during the Post-pandemic Era　　*Zhu Hui*

Translation Studies

087　On the Translation of *The Analects* (*Lunyu*) Guided by Traditional Commentaries
　　—By Versions of James Legge and Edward Slingerland　　*Wei Wangdong*

096　On Howard Goldblatt and Sylvia Li-chun Lin's Collaborative Translation in the Context of the "Going-out" of Chinese Literature　　*Hong Shuting*

107　Translation Research in the Era of Internationalization
　　—Bibliometric Analysis of Papers in Journals from CSSCI, SSCI and A&HCI (2011-2020)　　*Lu Kaili*

Culture and Literature Studies

127 The Moral Implication and Irony Effect of the Unreliable Narration in *The Cask of Amontillado*   *Chen Aihua Li Yue*

135 "Black Peril" and Its Negative Influence in *The Grass Is Singing*   *Lyu Zexu*

142 Free Indirect Speech and Psychological Construction of Characters: Interpretation of *The Grass Is Singing*   *Yue Qi Zhang Zaihong*

151 Death in *The Notebooks of Malte Laurids Brigge* and Rilke's View of Death   *Zhou Pengying*

162 *Yang Guifei*: The Dialogue between Japanese Literature and Realistic Japanese Society   *Wu Ke*

外语教育研究
Foreign Language Education Studies

中国和克罗地亚大学生外语学习焦虑现状调查

华中科技大学外国语学院　崔广莹

摘　要:本文运用外语课堂焦虑量表(Foreign Language Classroom Anxiety Scale,简称 FLCAS)和访谈工具,对 50 名中国英语学习者与 47 名克罗地亚汉语学习者的外语学习焦虑水平进行对比分析。其结果为:(1)中国英语学习者的整体外语学习焦虑水平高于克罗地亚汉语学习者;(2)两国学习者的性别与国籍无交互效应,且两国男生焦虑水平明显高于女生;(3)克罗地亚汉语学习者焦虑因子为"学习内容"和"负面评价";中国英语学习者焦虑因子为"课堂烦恼"和"自信不足"。笔者在调查结果的基础上针对性地提出了控制外语学习焦虑的建议。

关键词:外语学习焦虑;FLCAS;探索性因子分析

An Empirical Study on Foreign Language Learning Anxiety between Chinese and Croatian Students

Abstract:This paper reports an empirical study on foreign language learning anxiety of 50 Chinese students and 47 Croatian students by means of questionnaire surveys and interviews. The study reveals that:(1) the overall anxiety level of Chinese university students in foreign language learning is higher than that of the Croatian students;(2) In each group, the male students' anxiety are significantly higher than that of the female ones, and there is no interaction effect in gender and nationality;(3) Chinese students' anxiety consists of two factors—classroom trouble and lack of confidence, while Croatian students' anxiety includes two factors—learning content and negative comments. Based on results of this study, the author concludes with recommendations for future learning and teaching in controlling foreign language learning anxiety.

Key words:foreign language learning anxiety;FLCAS;exploratory factor analysis

1　研究背景

克罗地亚是"一带一路"沿线上的国家,为前南斯拉夫解体后独立形成的国家之一,位于欧洲东南部,官方语言为克罗地亚语。该国与意大利、匈牙利等多国毗邻。为了方便交流,克罗地亚人自古便有乐于学习多种外国语言的传统。近年来,随着中国国力的日益强盛,到中国来学习、经商或旅游的克罗地亚人数剧增,这也极大地激发了克罗地亚人学习汉语的热情。我国自改革开放以来,经济高速腾飞,国际间合作与相互交流学习的机会大幅增加,外语学习的需求不断增多,中国的英语学习者人数持续增长,针对英语教学的研究也日臻完善。

中国和克罗地亚两国都致力于提升外语教学质量。无论是中国的英语教学,还是克罗地亚的汉语教学,目前在各自的外语教学体系中都受到了极大的重视。焦虑情绪与学习效率密切相关,对外语学习者有着重要的影响,因此对学习者焦虑情绪的研究也引起了国内外学者们的共同关注。通过对两国学习者的焦虑情绪进行对比分析,可提高两国的外语教学成效,也可丰富焦虑情绪领域的学术研究内容,同时还可加深两国间的了解。

目前在国内外的相关文献资料中,关于中、克两国外语学习者焦虑对比的研究还鲜有所见。因此,本研究将中、克两国的大学生作为研究对象,对中国学生学英语和克罗地亚学生学汉语过程中出现的外语学习焦虑现象进行对比分析,以期回答以下问题:(1)两国学习者的外语学习焦虑现状如何?(2)两国外语学习者的焦虑水平是否存在差异?如果有差异,各由什么因素导致?

1.1 外语学习焦虑的概念

Burger指出,焦虑是指因人们不能达到预期目标,或内心的障碍无法得以克服,从而引起自尊心受挫,抑或产生失败感等不良的情感体验(Burger,1997)。

学习者在学习外语的过程中产生的焦虑情绪就是外语学习焦虑。认知语言学及二语习得理论的研究结果表明,焦虑情绪与语言习得的关系甚为紧密,适度的焦虑可使学习者感受到部分压力,同时也带来一定的学习动力,因此,适度的焦虑对语言习得和学习成绩起着积极的促进作用;然而过度的焦虑或者焦虑缺失则对语言学习者造成紧张、恐惧等不利影响。

有研究证明,对于语言学习者而言,最大的情绪障碍即为焦虑(Arnold,Brown,1999),它与学习成绩之间呈显著负相关,也就是说,焦虑水平越高,语言学习成绩就越低。情感过滤假说(Krashen,1985)也明确指出,大脑吸收并习得语言的过程中,首先要通过情感过滤,其中情感变量对语言的习得起着促进或阻碍的作用。过度焦虑等消极情绪会使得学习者不愿主动去获取更多的语言输入,甚至还会使原本简单的语言输入也变得难以掌握,这足以说明焦虑情绪对于语言习得的影响与重要性。

外语学习焦虑情绪常被归纳为三个相关联的类别:其一,交流恐惧,即个体与他人交流时,因羞怯、腼腆等因素而产生的恐惧感;其二,考试焦虑,指因害怕考试失败而引起的焦虑感;其三,负面评价担忧,即担心受到教师或同学的批评等负面的评价。学者们同时指出,外语学习焦虑除了这三种紧张情绪的简单组合外,还有来自个体的自我感觉、情感、观念及在外语课堂学习的相关行为中的综合体验(Horwitz E,Horwitz M,Cope,1986)。

1.2 国内外研究现状

在国外,教育心理学对焦虑的研究始于20世纪40年代,随后迅速成为研究热点。Mandler和Sarason(1952)共同编制了以考试为切入点来获取焦虑水平的考试焦虑问卷(Test Anxiety Questionnaire,TAQ),该问卷为焦虑研究提供了量化标准。20世纪60年代,Alpert和Haber(1960)从焦虑对提高学习效果所起的作用这一视角,将焦虑分为促进性焦虑(facilitating anxiety)和阻碍性焦虑(debilitating anxiety)。他们认为促进性焦虑能提升学习效果,因此对语言学习具有促进作用;阻碍性焦虑为过度焦虑,使学习者产生畏惧、紧张等负面影响,具有消极作用。20世纪70至80年代,研究者们对焦虑研究做了进一步细分,将其归为三大类:性格焦虑(trait anxiety)、状态焦虑(state anxiety)和情景焦虑(situation-specific anxiety),他们特别强调,外语学习焦虑不是普通意义上的紧张、恐惧情绪,而是一种特别情景下的焦虑,即在外语教学课堂上产生的焦虑情绪。依托于这项研究,Horwitz等(1986)设计出研究者们后来广泛使用的外语课堂学习焦虑量表(Foreign Language Classroom Anxiety Scale,FLCAS)。很多研究者采用该量表进行相关研究,得到的结论较为一致,即焦虑与学习成绩呈负相关(Horwitz E,Horwitz M,Cope,1986;Gardner,MacIntyre,1993;Ganschow,Sparks,Anderson,et al.,1994)。

在我国,外语学习焦虑研究起始于21世纪初,其后产出了大量研究成果。王银泉、万玉书(2001)在梳理并引进了国外相关的研究成果的基础上,重点对Horwitz等设计的FLCAS进行了详尽的介绍。为了检测该量表的信度与效度,王才康(2003)依托大学英语四级考试(CET4)进行检测,其结果证明,FLCAS具有较好的信度和效度;答会明(2007)则与中国实际情况结合,将量表本土化,编制了英语学习焦虑量表(English Learning Anxiety Scale,ELAS),该表对FLCAS的题项进行了较大幅度的删减,大大提高了各题项之间的区分度,使之成为测量中国非英语专业大学生英语学习焦虑现状的有效工具。随后涌现出一系列结论基本一致的研究成果,如张宪、赵观音(2011)对英语专业学生进行检测后,得出结论——随着学生外语水平的逐步提高,其外语学习焦虑情绪也随之下降;还有不少学者从听、说、读、写四项基本技能入手,运用量表进行测量,如成艳萍等(2007)从口语表达的角度对非英语专业本科生进行研究,发现课堂焦虑与口语表达呈显著负相关,即口语表达越流畅,焦虑情绪越低;石运章、刘振前(2006)将中美大学生阅读焦虑水平进行了对比,使用外语阅读焦虑量表(FLRA)检测得知,美国初学外语的大学生的阅读焦虑水平显著低于我国大学生,阅读焦虑水平越低,则阅读理解的成绩越好;在运用二语写作焦虑量表(Second Language Writing Anxiety Inventory,SLWAI)对我国非英语专业大学生写作焦虑状况的检测中,郭燕和秦晓晴(2010)得出的结论为,我国学生外语写作焦虑处于中等水平,其总体写作焦虑与写作成绩也呈显著负相关。

2 研究设计

2.1 研究对象

本研究的对象分别是 50 名中国大学生和 47 名克罗地亚大学生。中国大学生来自华中地区的一所教育部直属重点高校,为非英语专业本科生,他们均有 6 年以上的英语学习经历;克罗地亚大学生来自克罗地亚首都萨格勒布市一所著名高校,学生们均有 1 至 3 年在克罗地亚国内学习汉语的经历(选修课)。

2.2 研究工具

本研究的工具分别为调查问卷(定量研究)和访谈(定性研究),采用中文版外语课堂焦虑量表(命名为 FLCAS-1)对 50 名中国大学生进行测试,获得有效问卷 50 份,回收率为 100%,有效问卷的受试者中,男生 27 名,女生 23 名;采用英文版外语课堂焦虑量表(命名为 FLCAS-2)对 49 名克罗地亚学生进行测试,获得有效问卷 47 份,回收率为 96%,有效问卷的受试者中,男生 22 名,女生 25 名。笔者随机对中国和克罗地亚学生各 5 名进行访谈,进一步了解他们的外语学习焦虑状况。

原 FLCAS 中有少数几处"foreign language"分别被替换成"英语"(FLCAS-1)或"Chinese"(FLCAS-2),其他内容不变。虽然两国的受试者都是大学生,但为了保证统计的准确性和调查的严肃性,在填写量表前,笔者对受试者做了明确的解释。最后,采用 SPSS17.0 对所有数据进行统计与分析。

FLCAS-1 和 FLCAS-2 涵盖了沟通焦虑(communication apprehension)、考试焦虑(test anxiety)和否定评价焦虑(fear of negative evaluation)三个方面的 33 个题项,问卷采用 Likert 5 级量表的形式,每个题项有从"这完全不符合我的情况"(1 分)到"这完全符合我的情况"(5 分)5 个分级选项。33 个题项中有 10 个为反向题(第 2、5、8、11、14、18、22、24、28 和 32 题),在统计数据时反向赋分。所有 33 个题项的总得分为焦虑值,范围应在 33 至 165 之间。分数越高,表明焦虑程度越深。

访谈内容有以下问题:(1)请回忆一下,你在学习外语过程中有哪些让你感到担心和紧张的情况?(2)当你发现自己在外语学习时感到紧张烦恼,你是否采取了相应措施去改变?采取了什么措施?收效如何?

虽然 FLCAS 在理论上已将外语焦虑划分为三大类,即"沟通焦虑""考试焦虑"和"否定评价焦虑",但是实际测试得到的结果往往会因国别、所学语种等具体情况不同而出现其他的焦虑因素。为了解两国学生外语学习焦虑的根本特点与异同之处,明确两国学生焦虑因素的实际分类状况,本研究采用主成分分析法对中、克两国大学生的焦虑数据进行探索性因子分析。

3 结果与分析

3.1 探索性因子分析结果

笔者首先运用探索性因子分析,找出两国学生外语学习焦虑产生的主要原因,再结合碎石图及各因子的负荷量,确定提取因子的数目。其次,通过 KMO 测度和 Bartlett's 球状检验,确定所获数据是否适合做因子分析,具体见表 1。

表 1 两国大学生焦虑水平 KMO 测度和 Bartlett's 球状检验

KMO 测度和 Bartlett's 球状检验		中国大学生	克罗地亚大学生
KMO(Kaiser-Meyer-Olkin)测度		0.894	0.869
Bartlett's 球状检验	Approx. Chi-Square	2495.580	1987.325
	DF.	528	528
	Sig.	0.000	0.000

表 1 显示,中、克两国大学生的 Bartlett's 球状检验 KMO 值分别为 0.894 和 0.869,Bartlett's 球状检验结果显著(都是 0.000),说明相关矩阵间有共同因素存在,两国实测变量均适合做因子分析。

图 1 和图 2 分别是中、克两国大学生外语学习焦虑因子碎石图,两图中的曲线均从第二个因子开始变得比较平缓,最后接近一条直线。

据此,笔者可初步判断两国均可各提取两个因子作为影响该国大学生的外语学习焦虑最重要的因子,接着通过计算旋转后的特征根值,决定最终提取因子的个数,具体见表 2。

表 2 两国大学生外语学习焦虑主要因子的特征根值、解释方差和累计方差

项目	中国		克罗地亚	
	因子 1	因子 2	因子 1	因子 2
特征根值	25.195	1.105	22.898	1.627
解释方差	76.350	3.348	69.388	4.931
累计方差	76.350	79.698	69.388	74.318

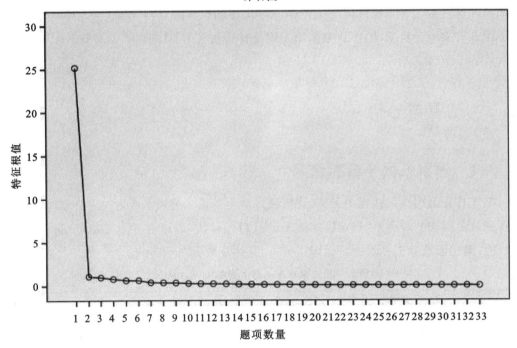

图 1　中国大学生外语学习焦虑因子碎石图

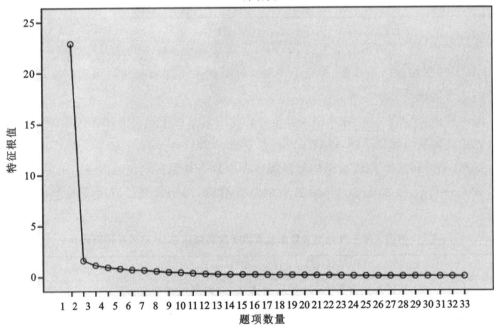

图 2　克罗地亚大学生外语学习焦虑因子碎石图

表2结果显示,中、克两国大学生特征根值大于1的维度分别有两个。他们的前两个因子累计方差贡献率分别达到了79.698%和74.318%,鉴于碎石图和特征根值一致显示为前两个因子,笔者将两国的前两个因子作为该国外语学习焦虑的主要特征进行研究。

表3和表4分别列出了中、克两国大学生外语学习焦虑水平原始变量的共同性,以及直角旋转后得到的前两个因子的负荷量以及各因子的命名情况。

表3 中国学生问卷题项、共同性、负荷量及因子命名

问卷题项	共同性	负荷量	
		因子1 课堂烦恼	因子2 自信不足
27 在英语课上发言时感到紧张不安	0.866	0.905	/
2 英语课上担心自己会犯错	0.887	0.884	/
13 英语课上不愿主动发言	0.848	0.879	/
20 教师点到名字时感到心跳得很厉害	0.876	0.878	/
19 英语教师要纠正我错误时很害怕	0.870	0.874	/
5 上英语课使我感到烦恼	0.886	0.874	/
17 希望最好不用去上英语课	0.866	0.873	/
1 在课外说英语很没有信心	0.907	/	0.778
10 担心因为英语不及格带来的后果	0.893	/	0.772
8 对英语课上的一些小测验感到紧张	0.780	/	0.769
7 一直在想其他同学的英语比自己好	0.766	/	0.741
23 觉得其他同学的英语比自己好	0.892	/	0.678
24 在其他同学面前说英语很自信	0.822	/	0.645

表4 克罗地亚学生问卷题项、共同性、负荷量及因子命名

问卷题项	共同性	负荷量	
		因子1 学习内容	因子2 负面评价
25 汉语课的进度很快,担心跟不上	0.917	0.860	/
4 汉语课上没听懂教师用汉语说什么会感到害怕	0.832	0.825	/
30 学汉语要学那么多规则使人害怕	0.899	0.823	/
29 听不懂教师说什么感到很不安	0.897	0.761	/
15 听不懂教师所讲时会很不自在	0.786	0.760	/

续表

问卷题项	共同性	负荷量 因子1 学习内容	负荷量 因子2 负面评价
21 汉语考试准备得越多越觉得没底	0.705	0.760	/
2 汉语课上担心自己会犯错	0.858	/	0.689
19 汉语教师要纠正我错误时很害怕	0.814	/	0.658
33 教师问事先没有准备的问题时感到紧张	0.807	/	0.656
10 担心因为汉语不及格带来的后果	0.890	/	0.652
8 对汉语课上的一些小测验感到紧张	0.802	/	0.606

表3中因子1包含的7个变量都与上英语课的各种烦恼紧密相关——害怕被教师点名、担心犯错并被教师纠正、害怕课上发言、不想上英语课等烦恼,因此将因子1命名为"课堂烦恼";因子2包含的6个题项都与自信心缺乏有关——没信心开口说英语,没信心并惧怕测验或考试,总觉得自己英语不如别人好,所以因子2被命名为"自信不足"。第27项(在英语课上发言时感到紧张不安)位列诸因子之首,有96%的中国学生有同样的课堂焦虑体验。访谈中两位中国学生清楚地回忆出紧张的课堂情绪。A学生:"我本来在心里想那样说的,可不知为何,我一站起来回答,就什么都说不出来了,而且一说就错。"B学生:"我反正心里是明白的,但是一说出来就不是那样的了,所以干脆不说,免得被别人笑话。"这些想法充分揭示了学生害怕交流、害怕出错的焦虑情绪。焦虑过高会影响学生的学习积极性,使他们表现出消极应对情绪。由于担心语音不标准、语调不正确、语法使用不当,或者害怕出错、害怕受教师批评、被同学笑话等原因,中国学生在外语课堂上紧张、胆怯,在课堂活动中表现不积极,致使课堂气氛较为压抑。笔者常常听到英语教师抱怨:现在的学生上课都不愿坐在前排,大家都争抢教室后面的座位听课;让学生参与讨论时,没有人愿意主动开口;教师无奈只好点名,学生回答时声音都在颤抖,或者不敢大声说话,或者沉默不语。

表4中因子1涵盖的6个题项主要涉及汉语课堂的教学内容——进度快,内容难,听不懂,对考前准备不知所措,故该因子被命名为"学习内容";因子2集中反映了受试者惧怕因各种失败引起的负面评价,故被命名为"负面评价"。近93%的克罗地亚学生表达了高度一致的学习焦虑——汉语课的进度很快,担心跟不上(第25项)。克罗地亚学生的汉语课程是选修课,全部安排在晚上进行,该国课程管理比较灵活,允许学生边工作边学习,这就使得一部分学生晚上既要上课,又要做兼职,兼职时间与课程时间冲突时,学生偶尔会请假,因此不能保证课程内容的连续性,很难跟上整体的学习进度。克罗地亚语和汉语

分属不同的语系,两种语言无论是发音还是语法都千差万别,几乎没有可利用其母语正迁移习得的内容。对于克罗地亚人来说,掌握汉字的书写是最为困难的。汉语的语法规则众多,他们很难掌握其中规律;汉语的图书音像资料在克罗地亚也比较罕见,该国也缺乏让学生接触汉语的语言环境。虽然中国会不定期选送数名优秀的汉语教师前往该国进行汉语教学,但由于汉语教师的英语表达能力有限,也难以用克罗地亚语辅助教学,学生听不懂繁冗的汉语语法讲解,倍感焦虑。

虽然两国交叉重叠的题项很少,但观察发现,表3和表4中还是有4个题项(2、19、10和8)的内涵是一致的,即两国学生在这4个题项上反映了共同的焦虑感受。随后进行的访谈也证实了这4项焦虑在两国学生中都颇为严重。两国学生都集中反映了对于测验或考试的担忧与恐慌,他们多次提到测验或考试让他们整日忧心忡忡,不知如何复习,也不知如何才能获得高分,很怕考不及格影响升级或今后的前途。两国学生均感叹,无论怎么复习,考试时总会有意想不到的题目出现,总感觉没有准备好,很难取得满意的成绩。笔者采集得到的数据很清楚地反映出学生们的焦虑状况:量表第8项(对英语/汉语课上的一些小测验感到紧张),中国学生选择同意与完全同意的人数占66%,克罗地亚学生为50%;第10项(担心因为英语/汉语不及格带来的后果)两国学生的焦虑水平几乎一致,中国学生赞同的人数达72%,克罗地亚学生为70%。由此可见,不论是中国还是克罗地亚的大学生,对于考试的担忧和恐惧是相同的。第2项(英语/汉语课上担心自己会犯错),中国学生有54%表示赞同,克罗地亚学生为40%;第19项(英语/汉语教师要纠正我错误时很害怕),中国学生赞同的人数为64%,克罗地亚学生为44%,相比之下,中国学生更惧怕在他人面前犯错或因受到批评而丢面子。"爱面子"可以被看作中华民族的文化特质,是中国人长期受到传统文化的影响而形成的。中国学生在课堂上,当着教师和全班同学的面,在潜意识里担心自己答错问题被教师纠正,被人笑话;克罗地亚人虽然受到直言不讳的民族精神影响,课堂上并不畏惧发言交流等活动,但是他们传统精神中自负的一面,又使得大多数人极不愿承认自己的失败与错误,被教师纠错就意味着承认错误,丧失尊严,因此,他们在课堂上同样很害怕犯错。

3.2 中、克大学生焦虑水平的总体比较

中、克两国大学生外语学习焦虑情况如表5、表6所示。

表5 中、克两国大学生外语学习焦虑量表信度分析结果

项目	中国			克罗地亚		
Cronbach's Alpha	因子1	因子2	总体	因子1	因子2	总体
相关度	0.989	0.959	0.989	0.982	0.960	0.986
项目数	21	7	33	16	8	33

表 5 显示的是两国大学生 FLCAS-1 和 FLCAS-2 的信度检验结果。两表的总体信度系数分别为 0.989 和 0.986，说明量表具有很高的内部一致性。

表6 中国大学生学习英语与克罗地亚大学生学习汉语的焦虑水平

调查对象	人数	平均值	标准差	最小值	最大值	全距
中国男生	27	115.00	28.047	57	145	88
中国女生	23	92.00	29.697	52	137	85
中国学生	50	104.42	30.780	52	145	93
克罗地亚男生	22	101.00	19.014	64	140	76
克罗地亚女生	25	80.48	23.317	60	130	70
克罗地亚学生	47	90.09	23.576	60	140	80
中克学生	97	97.47	28.316	52	145	93

表 6 数据显示，中国学生的总体外语焦虑水平高于克罗地亚学生。中国学生总体焦虑平均得分 104.42，其中男生 115.00，女生 92.00；克罗地亚学生焦虑总体得分 90.09，其中男生 101.00，女生 80.48。克罗地亚学生外语焦虑的最高分和最低分分别为 60 和 140，中国学生外语焦虑的最高分与最低分分别为 145 和 52。中国学生与克罗地亚学生总体得分的标准差分别为 30.780 和 23.576。通过独立样本 t 检验，得到两国焦虑水平 Sig. 值为 0.012，这说明两国学生焦虑水平有显著差异，中国明显高于克罗地亚。这可能是因为克罗地亚学生学习汉语时间只有一两年，还处于初学阶段，对汉语学习依然保持较大的兴趣。克罗地亚学生虽然觉得汉语难学，但受到本国多语言教育政策的影响，他们从小就有学习多种外国语言的习惯，尤其是敢于开口、喜欢交流的民族风格，减少了他们对汉语学习的焦虑。两国女生的焦虑感明显低于男生，原因可能是女生在语言学习方面更有优势，相比男生，她们也更喜欢与人交流，所以得到学习锻炼的机会也更多一些，焦虑感没有男生那么强烈。

侯莹(2011)采用中文 FLCAS 对北京某大学 100 名学生进行测试，得出焦虑平均分为 99.02，这与本研究得到结果比较接近。此外，国外的研究显示，外语语种不同，焦虑程度也不尽相同。表 7 显示不同语种在焦虑水平上的得分，其中中国学生学习英语的得分最高。

表7 不同研究样本在 FLCAS 上的得分情况

项目	本研究		Horwitz, Young, 1991	Aida, 1994	侯莹, 2011
受试者人数	97		108	96	100
语种	英语	汉语	西班牙语	日语	英语

续表

项目	本研究	Horwitz, Young, 1991	Aida, 1994	侯莹, 2011
Cronbach's Alpha	0.98	0.97	0.93	0.94	0.90
平均值	104.4	90	94.5	96.7	99.02
全距	52～145	60～40	45～147	47～146	52～142
标准差	30.780	23.576	21.4	22.1	17.16

为了解性别和国籍是否对焦虑产生影响,需要对中国男生、中国女生、克罗地亚男生与克罗地亚女生进行多因素方差分析。其中一个因素为国籍(中国、克罗地亚),另一个因素为性别(男生、女生)。结果为国籍主效应显著($F=6.033, p=0.016$),中国学生的焦虑水平高于克罗地亚学生;性别主效应显著($F=17.544, p=0.000$),女生的焦虑水平低于男生;国籍与性别之间交互效应不显著($F=0.027, p=0.812$)。

从国籍对应性别的均值连线图(图 3)可更直观地看出,男性的平均焦虑水平高于女性,中国大学生的平均焦虑水平高于克罗地亚大学生。

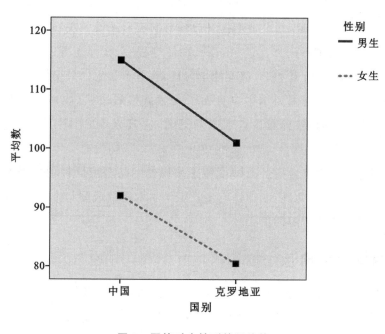

图 3 国籍对应性别的平均值

4 对教学的启示

4.1 对教师的启示

以上分析表明,中、克两国大学生外语学习焦虑主要集中表现为害怕考试和担心犯错。要解决好这两个问题,教师应密切关注学生的情绪状态,适当调整教学策略。测验或考试的目的是检测学生对知识的掌握情况,也是对教师教学方法的一种测试手段,因此考试是必要的。但不当的测验或考试导致学生产生学习焦虑,势必会影响最终的教学效果,与教学目的相违背。因此,教师可改变单一乏味的考试方式,采取灵活多样的考查手段,尽量消减学生的负面焦虑情绪。

在课堂教学中,教师应时刻努力为学生营造轻松友好的学习氛围,缓解学生紧张的课堂情绪,开展合作学习等降低焦虑感的课堂活动,将学生的焦虑程度降至最低。合作学习对降低学习焦虑有比较明显的优势。课堂活动通常有以下两种模式:一种是以小组为单位,在同伴中进行学习讨论的合作学习模式;另一种是以教师为主导,在全班同学面前发言的传统模式。相比之下,合作学习的模式势必会大大减少学生的焦虑情绪。不同水平的学生在一起共同研讨,为完成一项共同的学习任务,相互合作,积极探讨,教师应想方设法激发学生学习外语的兴趣,帮助他们提升自信心与克服困难的决心,以及培养坚持不懈的恒心。此外,在学生进行同伴互助、相互鼓励的过程中,教师还可以逐步提升学生尊重他人及求同存异的素养,营造和谐、包容的学习环境,缓解学生的外语学习焦虑。

学生害怕犯错,可能是因为学生自身面子观过分强烈,也可能是教师设计的问题过难,学生无法回答。因此,教师在设计课堂问题时,应充分考虑学生的不同水平,因材施教。另外,对于学生发言中所出现的某些中介语现象,教师没有必要一一纠正,因为这样会使学习者感到受挫,丧失自信。教师可考虑采用他启自补或同伴他启等方式给予修正(王晓燕,王俊菊,2014)。此外,教师还应多肯定学生取得的成绩与进步,减少师生间的距离感,帮助他们建立外语学习的信心。

4.2 对学生的启示

对于学生而言,应该明确的是,焦虑是普遍存在的客观现象,外语学习焦虑是无法避免的,但也不是无法克服的。首先,学生不要把考试和分数看得过重,以免考试失败影响自信心。其次,任何语言学习者都不可能避免犯错,出现发音问题、语法错误、表达不适切等情况都是正常的。一旦出现语言错误,要及时找出犯错的原因,避免下次犯同样的错误。中国学生应尽量克服因面子观带来的交流障碍,要勇于开口,大胆发言,积极参与课堂讨论,抓住一切可能的机会探讨交流,善于向同伴学习,多听取教师的学习建议,找出一套适合降低自身学习焦虑的方法,例如,在访谈时,有些学生提到深呼吸可以使自己得到暂时的放松。克罗地亚学生要学会调整好兼职工作和学习之间的矛盾,将落下的课程及时补上,多向教师请教,改变固有的思维模式,尽量克服自负的缺点,不要惧怕他人指出自己的语言错误,要告诉自己,在语言学习过程中,向同伴和教师学习并不会有损自己的尊严,积极调整自我心态,减少语言学习焦虑,才能取得进步。汉语学习虽难,但是,学生只要树立信心,不被困难吓倒,采用有效的学习策略,是可以取得理想的学习效果的。此外,学生千万不要因教师或他人的否定评价而气馁,课前做好充分准备,课堂上反复操练,不断提高汉语语言技能,课后认真完成教师布置的作业,不断巩固所学语言知识,汉语学习焦虑肯定会逐渐降低。

5　结语

根据研究结果,可以做出如下总结。

(1)两国外语学习者的外语焦虑现状为:中国大学生整体焦虑水平高于克罗地亚大学生。

(2)两国男生的外语焦虑水平均高于女生,性别与国籍没有交互效应。

(3)中国学生的焦虑主要有两个因子:"课堂烦恼"和"自信不足";克罗地亚学生的焦虑主要是由"学习内容"和"负面评价"引起的。两国学生有4项焦虑因子是重叠的。

焦虑是一种普遍存在的问题(Foss,Reitzel,1988)。从认知活动的角度看,高焦虑对外语学习的输入、输出和学习过程产生干扰,影响外语学习的效果和学习者的自信心。因此,关注学生的外语课堂焦虑状况,构建和谐的语言学习氛围,减少学生的焦虑度是外语教学中不容忽视的内容。

参 考 文 献

[1] Aida Y, Examination of Horwitz, Horwitz, and Cope's construct of foreign language anxiety:The case of students of Japanese [J]. The Modern Language, 1994, 78 (2):155-168.

[2] Alpert R, Haber R N. Anxiety in academic achievement situations[J]. Journal of Abnormal and Social Psychology, 1960 (61):207-215.

[3] Arnold J, Brown H D. A map of the terrain[C]//Arnold J. Affect in language learning. London:Cambridge University Press, 1999.

[4] Burger J M. Personality [M]. California:Brooks/Cole Publishing Company, 1997.

[5] Foss K A, Reitzel A C. A relational model for managing second language anxiety. TESOL Quarterly, 1988(22):437-454.

[6] Ganschow L, Sparks R L, Anderson R, et al. Differences in language performance among high average and low anxious college foreign language learners[J]. Modern Language Journal, 1994, 78 (1):41-55.

[7] Gardner R C, MacIntyre P D. On the measurement of affective variables in second language learning[J]. Language Learning, 1993, 43 (2):157 -194.

[8] Horwitz E K, Horwitz M B, Cope J A. Foreign language classroom anxiety [J]. The Modern Language Journal, 1986, 70 (2):125-132.

[9] Horwitz E K, Young D J. Language anxiety:From theory and research to classroom implications [M]. Englewood Cliffs, NJ:Prentice Hall, 1991.

[10] Krashen S D. The input hypothesis:Issues and implications[M]. London:Longman Group Ltd. 1985.

[11] Mandler G, Sarason S B. A study of anxiety and learning[J]. Journal of Abnormal and Social Psychology, 1952, 47 (2):166-173.

[12] 成艳萍,何奇光,韩晓立.英语课堂焦虑对大学生口语表达的影响[J].语言教学与研究,2007(1):89-95.

[13] 答会明.英语学习焦虑量表的编译及信效度检验[J].中国心理卫生杂志,2007(1):24-27.

[14] 郭燕,秦晓晴.中国非英语专业大学生的外语写作焦虑测试报告及其对作教学的启示[J].外语界,2010(2):54-62.

[15] 侯莹.体育专业学生外语学习焦虑状况研究[J].北京体育大学学报,2011(10):65-68.

[16] 石运章,刘振前.外语阅读焦虑与英语成绩及性别的关系[J].解放军外国语学院学报,2006 (2):59-64.

[17] 王才康.外语焦虑量表(FLCAS)在大学生中的测试报告[J].心理科学,2003(2):281-284.

[18] 王晓燕,王俊菊.外语环境下同伴他启修正研究[J].现代外语,2014(2):210-220.

[19] 王银泉,万玉书.外语学习焦虑及其对外语学习的影响——国外相关研究概述[J].外语教学与研究,2001(2):122-126.

[20] 张宪,赵观音.外语听力焦虑量表的构造分析及效度检验[J].现代外语,2011(2):162-170.

通信地址: 430074 华中科技大学外国语学院

崔广莹(cuigy@hust.edu.cn)

不同类型的词汇搭配水平对概要写作影响的实证研究[①]

上海交通大学外国语学院　鲍　珍
华东师范大学第二附属中学　彭　程

摘　要：在本研究中，笔者基于搭配和概要写作理论以及实验教学中收集的数据，检验不同类型的搭配水平对概要成绩的影响。89名被试参与了本研究中的V-N搭配、A-N搭配水平测试以及6次概要写作测试。笔者以不同类型的搭配水平为自变量，概要成绩为因变量，通过相关性分析、组间单因素方差分析及回归分析发现：V-N搭配、A-N搭配及总搭配水平均与概要成绩呈现显著正相关；不同类型的搭配水平均对概要成绩有不同程度的显著影响，即搭配水平越高，概要成绩越高；不同类型的搭配水平均对概要成绩具有一定的预测性。

关键词：概要写作；搭配水平；搭配类型

An Empirical Research into the Influence of the Levels of Different Collocation Types on Summary Writing

Abstract: Based on the theories of collocation and summarization, and the data collected from experimental teaching, this study tries to examine the influence of the levels of different collocation types on summarization. There are 89 subjects taking the tests of V-N collocation, A-N collocation as well as summarization. With the level of collocations being independent variable and summarization performance being dependent variable, correlation analysis, one-way ANOVA and regression analysis are performed. The results indicate that the levels of different types of collocation are significantly correlated with summarization performance; the levels of different types of collocation have varying significant influence on summarization performance, i.e. the higher the level of collocation, the better the summarization performance; the levels of different types of collocation are predictive for summarization performance.

Key words: summary writing; the levels of collocation; different collocation types

1　引言

概要写作（下文简称"概要"）是一项重要的读写结合的语言活动，涉及学生的语言能

[①] 本研究为上海交通大学"双一流"学科建设项目"二语读写结合研究"（WF117114003/017）以及上海交通大学外国语学院长聘教授科研启动经费项目（WF220414005）的阶段性成果。

力、认知能力及分析判断能力,其中语言能力涵盖阅读能力、写作能力、转述能力等。由此可见,概要是一项复杂的综合性语言任务,可以有效地衡量读写者的综合语言水平。概要已被纳入大规模的语言测试中,例如国外的托福考试以及国内的上海及浙江的英语高考。大规模考试对日常的英语教学具有重要的导向作用。教师和学生花大量时间进行训练,但收效甚微,具体表现为概要成绩的区分度较低。

国外的概要研究起步于 20 世纪 70 年代,并取得了一定的研究成果,如概要的模式(Kintsch,Van Dijk,1978)、概要的策略(Kim,2001;Yang,Shi,2003)、概要的步骤(Johnson,1983)、概要教学的影响(McDonough,Crawford,De Vleeschauwer,2014;Siu,2018)、概要的文本影响因素(Kirkland,Saunders,1991)、概要的读写者影响因素(Baba,2009;Devine,1993;Marzec-Stawiarska,2016;Yasuda,2015)。相比之下,国内大规模考试引入该题型较晚(浙江高考于 2016 年引入;上海高考于 2017 年引入),语言学者及英语教师对该话题关注较少,仅有少部分学者对概要做了有益的探究(金怡,2016;李久亮,2014;张洁,2020),因此概要教学是英语教学中亟需探究的一个话题。本研究将从搭配视角研究其对概要成绩的影响,以期为概要教学提供一定的参考。

2 理论基础

2.1 搭配

搭配是指词与词之间惯性高频共现的语言现象。此概念自 Firth(1957)提出后一直是二语习得以及英语教学等领域研究的热点话题。搭配的正确习得可以极大地提高学习者的语言水平,具体表现为输出更流利、更准确、更得体、更地道,输入更全面、更深刻(Schmitt,Carter,2004;Wray,2002)。学习者在语言输出过程中,心理词汇的提取分为创造性的和整体性的。其中,整体性提取有利于提高语言输出的流利性、正确性以及得体性(Wray,2002);单个词在心理词汇中的组织分为纵聚合和横组合关系,后者囊括语义和句法元素,搭配属于被整体提取的词汇横组合关系。横组合关系对语言水平的促进已经毋庸置疑,有利于语言的整体性储存与提取,二语习得者如果成功习得搭配,会提高输出和输入的效率和准确率(彭程,鲍珍,2017)。反之,错误的搭配不利于语义的正确解码和编码。搭配错误是二语学习过程中普遍存在的现象,学习者由于忽视搭配的共现性特征,单纯地根据词汇的词性和概念将其组合在一起。对于搭配的界定,语言学者们还未达成一致,搭配、词组、程式语、习语、多词单位以及语块等都具有类似的定义,界定模糊。本研究将测试语料范围限定为动-名词组(V-N)和形容词-名词词组(A-N),并统称为搭配。

2.2 概要写作

概要写作是以自己的语言简要地概括原文中的要点信息,因此要写出好的概要,就需要具备识别原文重要信息的能力(Friend,2000)。Johnson(1983)认为概要是一种简要陈述,它既要浓缩原文信息,又要反映其主旨大意。Kintsch 和 Van Dijk(1978)指出概要是一种通过提取原文语篇主旨和要点来再建文本宏观结构的过程,其中文本宏观结构是指具有层级性的内容体系(即主旨及要点)。本研究将前人的定义总结为:概要是读写者在理解原文的基础上,用自己的语言概括并改述原文的重要信息,包括原文主旨和要点,删除冗余或不必要的细节。

概要写作过程中,读写者需要综合运用有效的概要策略。Kintsch 和 Van Dijk(1978)提出读写者需要运用三大策略:删除,即去掉不重要的细节或冗余的信息;概括,即将细节信息整理归纳成上位概念;构建,即基于理解及认知去识别或产出主旨大意。他们还提出文本处理模式,该模式分为三个步骤:首先,将原文视为一个连贯的整体进行解构;其次,对原文信息进行缩减;最后,用自己的语言建构新的文本。Johnson(1983)认为概要需要以下策略:(1)理解句子层面的意义;(2)识别句子层面的逻辑关系;(3)解构语篇文本的结构;(4)存储文本信息;(5)筛选重要文本信息;(6)使提取的文本信息简要化且衔接连贯。Oded 和 Walters(2001)认为读写者在进行概要时需要深度分析文本、识别并选取要点,分析并判断文本结构,归纳并缩减信息,从而构建段落要点及语篇主旨。Casazza(1993)认为要写出一篇质量高的概要,读写者需要理解原文文本,选取重要的信息,删除次要或冗余的信息,将类似的信息归类整合,用自己的语言来表述。

3 研究设计

3.1 研究问题

(1)V-N 搭配水平与概要成绩的相关性如何?V-N 搭配水平对概要成绩是否有显著影响?如果有,V-N 搭配水平对概要成绩的预测系数如何?

(2)A-N 搭配水平与概要成绩的相关性如何?A-N 搭配水平对概要成绩是否有显著影响?如果有,A-N 搭配水平对概要成绩的预测系数如何?

(3)总搭配水平与概要成绩的相关性如何?总搭配水平对概要成绩是否有显著影响?如果有,总搭配水平对概要成绩的预测系数如何?

3.2 被试

研究对象来自上海市某重点高中的 89 名高二学生,其中男生 43 人,女生 46 人,平均年龄 16 岁,平均有着 13 年的英语学习经历。

3.3 实验变量

本实验中,学生的 V-N 搭配水平、A-N 搭配水平、总搭配水平均为自变量,学生的概要成绩为因变量。控制变量包括教师、教材、教法及测评等,这些变量在两个教学班均保证同一性。笔者通过实验教学所收集的数据来验证自变量对因变量的影响。

4 实验方法及过程

4.1 实验方法

89 名被试均参与了笔者组织的两次搭配水平测试。量表参考了 Nguyen 和 Webb (2017)所设计的搭配水平量表,其中包括 90 对动词-名词(V-N)搭配,学生需要根据给定的名词从四个动词选项中选出恰当的搭配词;90 对形容词-名词(A-N)搭配,学生需要根据给定的名词从四个形容词选项中选出恰当的搭配词。量表中所有单词都在上海高考考试大纲范围内,以确保学生不会因为单词识别障碍而产生错误搭配。搭配测试分两次进行,每次测试时长 30 分钟。题型均为选择题,所以笔者采用机器阅卷,确保搭配分数的准确性及可信度。

笔者选取了 6 篇概要测试原文作为阅读文本,分别为 2 篇记叙文、2 篇说明文、2 篇议论文,话题有关母爱、医疗、社交媒体、快餐、工作制度等,平均可读性系数 $M=8.50$,字数均值 $M=296.50$,平均句子数量 $M=19.67$,词汇密度的均值 $M=54.32$。学生在规定的 20 分钟内,读完文本并用自己的语言写出概要,字数不超过 60 字,满分为 10 分,其中内容分 5 分,语言分 5 分。阅卷由两位笔者按照高考概要阅卷标准进行"双评"。每次阅卷前,两位教师先通过讨论来商定具体评阅细则,然后进行试阅,再微调标准,最后进行盲阅(不显示学生信息)。学生最终的概要分值为两位阅卷员所给分值的均分。如果两位阅卷员所给分值差异大于等于 3,两位教师会对该份概要进行讨论并最终就其分值达成一致。

4.2 数据处理方法

笔者使用 SPSS 先对数据进行基本处理,获得描述性统计数据,如均值、标准差等。然后,笔者使用 Pearson 相关分析来检验 V-N 搭配水平、A-N 搭配水平及总搭配水平与概要成绩是否呈现显著正相关。随后,笔者根据被试不同类型搭配的水平,分三次将学生分为三组,并且通过三次组间单因素方差分析来确保组与组之间不同类型的搭配水平存在显著差异,这三组被试分别代表高、中、低三个水平。笔者以不同类型的搭配水平为自变量,概要成绩为因变量,再次通过组间单因素方差分析来检验组与组之间的概要成绩是否存在显著差异。如果存在显著差异,再通过 Bonferroni 事后多重比较来具体检验组与组之间的差异值是否显著。

5 数据分析

89 位被试的 V-N 搭配均分 $M=67.453(SD=6.316)$;89 位被试的 A-N 搭配均分 $M=62.393(SD=8.692)$。经过配对样本 t 检验,结果显示,V-N 搭配成绩显著高于 A-N 搭配成绩,均值差 $MD=5.060(SD=7.449)$,$t(89)=6.446(p<0.01)$,与前人研究结果一致(彭程,王同顺,2016)。皮尔逊相关分析结果显示,V-N 搭配成绩与 A-N 搭配成绩呈现显著相关,$r=0.546(p<0.01)$。89 位被试的六次概要的成绩分别为:第一次概要均分 $M=6.067(SD=1.456)$;第二次概要均分 $M=5.787(SD=1.663)$;第三次概要均分 $M=6.522(SD=1.416)$;第四次概要均分 $M=5.713(SD=1.430)$;第五次概要均分 $M=5.820(SD=1.888)$;第六次概要均分 $M=7.039(SD=1.839)$。六次概要成绩之间的 Cronbach 信度系数 $\alpha=0.771$,即六次概要测试的可信度较高,能准确反映被试的概要能力。六次概要成绩的均分为 $M=6.163(SD=1.099)$,本研究中的六次概要测试的均分代表每位被试的概要能力。

5.1 V-N 搭配水平对概要的影响

1) V-N 搭配水平与概要成绩的相关性分析

89 位被试的 V-N 搭配均分 $M=67.453(SD=6.316)$,六次概要成绩的均分为 $M=6.163(SD=1.099)$。笔者通过使用 SPSS 中的皮尔逊相关分析发现,V-N 搭配成绩和概要成绩呈现显著正相关 $r=0.425(p<0.01)$,即 V-N 搭配水平越高,学生的概要成绩越高。

2) V-N 搭配水平高、中、低三组间概要成绩的差异

笔者将 89 位被试按照 V-N 搭配水平分为三组:高水平组($n=30$)的 V-N 搭配均分 $M=74.027(SD=2.89)$;中水平组($n=30$)的 V-N 搭配均分 $M=67.763(SD=1.31)$;低水平组($n=29$)的 V-N 搭配均分 $M=60.331(SD=4.17)$。通过组间单因素方差分析,结果显示三组被试之间的 V-N 搭配水平有显著差异($F(2,86)=152.720,p<0.01$)。经过 Bonferroni 事后多重比较,结果显示组与组之间均存在显著差异,高水平组的 V-N 搭配水平显著高于中水平组,$MD=6.263(p<0.01)$,中水平组的 V-N 搭配水平显著高于低水平组,$MD=7.432(p<0.01)$,高水平组的 V-N 搭配水平显著高于低水平组,$MD=13.696(p<0.01)$。三组被试的 V-N 搭配水平两两之间呈现显著差异说明分组有效,确

保了后续对概要成绩的单因素组间方差分析的有效性及可信度。

随后,笔者统计了三组不同 V-N 搭配水平学生的概要成绩,结果显示:高水平组的概要成绩均分 $M=6.575$(SD$=1.18$);中水平组的概要成绩均分 $M=6.325$(SD$=0.80$);低水平组的概要成绩均分 $M=5.570$(SD$=1.05$)。通过组间单因素方差分析,结果显示组间的概要成绩有显著差异($F(2,86)=7.669$,$p<0.01$)。Bonferroni 事后多重比较显示:高水平组的概要成绩高于中水平组,但不显著,MD$=0.25$($p>0.05$);中水平组的概要成绩显著高于低水平组,MD$=0.755$($p<0.05$);高水平组的概要成绩亦显著高于低水平组,MD$=1.004$($p<0.01$)。如表 1 所示。

表 1　不同 V-N 搭配水平组间的概要成绩差异

类别	高水平 ($n=30$)		中水平 ($n=30$)		低水平 ($n=29$)		均分差异(MD)
	M	SD	M	SD	M	SD	
概要	6.575	1.18	6.325	0.80	5.570	1.05	高水平－中水平$=0.25$ 中水平－低水平$=0.755^*$ 高水平－低水平$=1.004^*$

注:* 指 $p<0.05$。

3) V-N 搭配水平与概要成绩的回归分析

在确定了 V-N 搭配水平对概要成绩有显著影响后,笔者再通过 SPSS 中的回归分析来量化 V-N 搭配水平对概要成绩的预测系数,以求得出自变量"V-N 搭配水平"和因变量"概要成绩"的回归方程式。强制回归结果显示,V-N 搭配水平对概要成绩具有较好的预测作用,R^2 为 0.181,即 V-N 搭配水平能解释概要成绩 18.1% 的变异(如表 2 所示),这再次说明 V-N 搭配水平越高的学生,其概要成绩也越高。标准化回归方程为:概要成绩$=0.073\times$(V-N 搭配水平)$+1.206$。

表 2　V-N 搭配水平与概要成绩的回归分析

变量	类别	R	R^2	Adjusted R^2	F (1,87)	Beta	Constant	t (87)
因变量	概要成绩	0.425	0.181	0.171	19.169**	/	/	/
自变量	V-N 搭配	/	/	/	/	0.073	1.206	4.378**

注:** 指 $p<0.01$。

5.2　A-N 搭配水平对概要的影响

1) A-N 搭配水平与概要成绩的相关性分析

89 位被试的 A-N 搭配均分 $M=62.393$(SD$=8.741$),六次概要成绩的均分为 $M=$

6.163(SD=1.099)。笔者通过使用 SPSS 中的皮尔逊相关分析发现，A-N 搭配成绩和概要成绩呈现显著的正相关 $r=0.525(p<0.01)$，即 A-N 搭配水平越高，学生的概要成绩越高。

2) A-N 搭配水平高、中、低三组间概要成绩的差异

笔者将 89 位被试按照 A-N 搭配水平分为三组：高水平组($n=31$)的 A-N 搭配均分 $M=70.98(SD=4.15)$；中水平组($n=29$)的 A-N 搭配均分 $M=63.39(SD=1.74)$；低水平组($n=29$)的 A-N 搭配均分 $M=52.22(SD=5.38)$。通过组间单因素方差分析，结果显示三组被试之间的 A-N 搭配水平有显著差异($F(2,86)=161.726, p<0.01$)。经过 Bonferroni 事后多重比较，结果显示组与组之间均存在显著差异，高水平组的 A-N 搭配水平显著高于中水平组，$MD=7.59(p<0.01)$；中水平组的 A-N 搭配水平显著高于低水平组，$MD=11.16(p<0.01)$，高水平组的 A-N 搭配水平显著高于低水平组，$MD=18.75(p<0.01)$。三组被试的 A-N 搭配水平两两之间呈现显著差异说明分组有效，确保了后续对概要成绩的单因素组间方差分析的有效性及可信度。

随后，笔者统计了三组不同 A-N 搭配水平学生的概要成绩，结果显示：高水平组的概要成绩均分 $M=6.76(SD=0.98)$；中水平组的概要成绩均分 $M=6.23(SD=0.94)$；低水平组的概要成绩均分 $M=5.46(SD=0.99)$。通过组间单因素方差分析，结果显示三组被试之间的概要成绩有显著差异($F(2,86)=13.555, p<0.01$)。经过 Bonferroni 事后多重比较，结果显示：高水平组的概要成绩高于中水平组，但不显著，$MD=0.53(p>0.05)$；中水平组的概要成绩显著高于低水平组，$MD=0.77(p<0.05)$；高水平组的概要成绩亦显著高于低水平组，$MD=1.30(p<0.01)$，如表 3 所示。

表 3　不同 A-N 搭配水平组间的概要成绩差异

类别	高水平 ($n=31$)		中水平 ($n=29$)		低水平 ($n=29$)		均分差异(MD)
	M	SD	M	SD	M	SD	
概要	6.76	0.98	6.23	0.94	5.46	0.99	高水平—中水平=0.53 中水平—低水平=0.77* 高水平—低水平=1.30*

注：* 指 $p<0.05$。

3) A-N 搭配水平与概要成绩的回归分析

在确定了 A-N 搭配水平对概要成绩有显著影响后，笔者再通过 SPSS 中的回归分析来量化 A-N 搭配水平对概要成绩的预测系数，以求得出自变量"A-N 搭配水平"和因变量"概要成绩"的回归方程式。强制回归结果显示，A-N 搭配水平对概要成绩具有较好的预测作用，R^2 为 0.276，即 A-N 搭配水平能解释概要成绩 27.6% 的变异(如表 4 所示)，这再

次说明 A-N 搭配水平越高的学生,其概要成绩也越高。标准化回归方程为:概要成绩＝0.066×(A-N 搭配水平)＋2.043。

表 4 A-N 搭配水平与概要成绩的回归分析

变量	类别	R	R^2	Adjusted R^2	F (1,87)	Beta	Constant	t (87)
因变量	概要成绩	0.525	0.276	0.268	33.176**	/	/	/
自变量	A-N 搭配	/	/	/	/	0.066	2.043	5.76**

注:**指 $p<0.01$。

5.3 总搭配水平对概要成绩的影响

1) 总搭配水平与概要成绩的相关性分析

笔者取 89 位被试的 A-N 搭配和 V-N 搭配的均分,作为本研究中被试的总搭配水平。结果显示,89 位被试的总搭配均分 $M=64.92$(SD$=6.66$),六次概要成绩的均分为 $M=6.163$(SD$=1.099$)。笔者通过使用 SPSS 中的皮尔逊相关分析发现,总搭配成绩和概要成绩呈现显著的正相关,$r=0.547$($p<0.01$),即总搭配水平越高,学生的概要成绩越高。

2) 总搭配水平高、中、低三组间概要成绩的差异

笔者将 89 位被试按照总搭配水平分为三组:高水平组($n=29$)的总搭配均分 $M=71.82$(SD$=3.19$);中水平组($n=30$)的总搭配均分 $M=65.50$(SD$=1.66$);低水平组($n=30$)的总搭配均分 $M=57.68$(SD$=4.45$)。通过组间单因素方差分析,结果显示三组被试之间的总搭配水平有显著差异($F(2,86)=135.477$,$p<0.01$)。经过 Bonferroni 事后多重比较,结果显示组与组之间均存在显著差异,高水平组的总搭配水平显著高于中水平组,MD$=6.32$($p<0.01$);中水平组的总搭配水平显著高于低水平组,MD$=7.82$($p<0.01$);高水平组的总搭配水平显著高于低水平组,MD$=14.14$($p<0.01$)。三组被试的总搭配水平两两之间呈现显著差异说明分组有效,确保了后续对概要成绩的单因素组间方差分析的有效性及可信度。

随后,笔者统计了三组不同总搭配水平学生的概要成绩,结果显示:高水平组的概要成绩均分 $M=6.79$(SD$=0.98$);中水平组的概要成绩均分 $M=6.04$(SD$=0.90$);低水平组的概要成绩均分 $M=5.68$(SD$=1.13$)。通过组间单因素方差分析,结果显示三组被试之间的概要成绩有显著差异($F(2,86)=9.203$,$p<0.01$)。经过 Bonferroni 事后多重比较,结果显示:高水平组的概要成绩显著高于中水平组,MD$=0.74$($p<0.05$);中水平组的概要成绩高于低水平组,但不显著,MD$=0.36$($p>0.05$);高水平组的概要成绩显著高于低水平组,MD$=1.11$($p<0.01$),如表 5 所示。

表 5 不同总搭配水平组间的概要成绩差异

类别	高水平 (n=29)		中水平 (n=30)		低水平 (n=30)		均分差异(MD)
	M	SD	M	SD	M	SD	
概要	6.79	0.98	6.04	0.90	5.68	1.13	高水平—中水平=0.74* 中水平—低水平=0.36 高水平—低水平=1.11*

注：* 指 $p<0.05$。

3) 总搭配水平与概要成绩的回归分析

在确定了总搭配水平对概要成绩有显著影响后，笔者再通过 SPSS 中的回归分析来量化总搭配水平对概要成绩的预测系数，以求得出自变量"总搭配水平"和因变量"概要成绩"的回归方程式。强制回归结果显示，总搭配水平对概要成绩具有较好的预测作用，R^2 为 0.30，即总搭配水平能解释概要成绩 30% 的变异（如表 6 所示），这再次说明总搭配水平越高的学生，其概要成绩也越高。标准化回归方程为：概要成绩＝0.09×总搭配水平＋0.301。

表 6 总搭配水平与概要成绩的回归分析

变量	类别	R	R^2	Adjusted R^2	F (1,87)	Beta	Constant	t (87)
因变量	概要成绩	0.547	0.30	0.292	37.229**	/	/	/
自变量	总搭配	/	/	/	/	0.09	0.301	6.102**

注：** 指 $p<0.01$。

6 讨论与思考

从数据处理结果可以看出，无论是 V-N 搭配、A-N 搭配水平，还是总搭配水平，都和概要成绩呈现显著相关，且都对概要成绩有显著影响，具体表现为搭配水平越高，概要成绩越高。笔者将对该结果进行讨论，以期探讨其背后的原因。

6.1 搭配可以促进读写者解码原文

要写出一篇好的概要，需要读写者对原文有着准确的阅读理解(Casazza, 1993)，搭配知识可以帮助读写者在阅读原文时自下而上准确、快速地解码原文语义。读写者只有准确理解原文内涵，才能确保后续改述语言所传达的意义与原文主旨大意吻合；搭配能促进读写者准确理解原文并进一步建构准确的原文主旨和要点。由于概要须在规定的有限时间内完成,搭配可以为读写者的注意和认知减负,可以使读写者在短时间内顺利解构原文大意,为后续的产出节省时间。总之,无论是 V-N 搭配,还是 A-N 搭配,都能有效促成读写者对原文的准确、高效解码,为后续准确重建原文大意提供概念层面的铺垫。

6.2 搭配可以促进读写者改述原文

一篇好的概要需要读写者运用自己的语言对原文主旨和要点进行改述。在改述的过程中,读写者需要运用同义词或近义词替换的策略来重述原文主旨大意(Baba,2009)。搭配可帮助学生提高改述语言的准确性、地道性、流畅度。彭程和鲍珍(2017)指出搭配的问题不是简单的词语间的同义替换,而是词语间的高频习惯性共现。良好的搭配水平有利于读写者在改述过程中进行恰当的同义词单词替换或同义词搭配替换。例如,当原文中的给定词可以和其原搭配词的同义词进行搭配时,则替换其同义词;当原文中的给定词无法和其原搭配词的同义词进行搭配时,则替换整个同义搭配。良好的搭配水平可以使读写者在替换同义词时,不仅考虑其搭配力度,还会考虑搭配词的语义韵、使用语域等问题,准确反映原文的情感色彩以及语用意义。另外,概要是限时任务,良好的搭配水平有利于读写者在短时间内激活、提取恰当的同义词重构搭配,从而进行准确转述。反之,搭配水平较低的读写者易产出在共现性、语义韵、语域等方面不恰当的改述搭配,无法有效传达原文主旨大意。

6.3 读写者更倾向于替换形容词搭配词

从数据中可以看出,A-N 搭配与概要的相关系数 $r=0.525(p<0.01)$,V-N 搭配与概要的相关系数 $r=0.425(p<0.01)$;A-N 搭配能解释概要 27.6% 的变异,V-N 搭配能解释概要成绩 18.1% 的变异。这说明 A-N 搭配要比 V-N 搭配对概要的影响大。笔者将基于英语教学实践,对该数据结果进行分析。在英语阅读、词汇、翻译教学中,教师较多地强调或教授形容词的同义词或近义词,对动词的同义词或近义词则强调较少,潜移默化中,学生培养了替换形容词同义词的思维习惯,而对动词的同义词替换相对较少,产生不同词性同义替换的失衡现象。另外,动词分为及物性动词和不及物性动词,而不及物性动词会因加不同的介词而产生不同的词义或必须搭配有限的介词,因此动词的用法较形容词复杂。因而,学生在替换原文同义词时,会采取避免策略,尽量少替换 V-N 搭配中的动词,以减少语言错误。

7 结论与建议

本教学研究的结论如下:V-N 搭配水平与概要成绩呈现显著正相关;V-N 搭配水平

高、中、低三组间的概要成绩有显著差异,其中 V-N 搭配中水平组的概要成绩显著高于低水平组,V-N 搭配高水平组的概要成绩显著高于低水平组;V-N 搭配水平能预测概要成绩 18.1% 的变异。A-N 搭配水平与概要成绩呈现显著正相关;A-N 搭配水平高、中、低三组间的概要成绩有显著差异,其中 A-N 搭配中水平组的概要成绩显著高于低水平组,A-N 搭配高水平组的概要成绩显著高于低水平组;A-N 搭配水平能预测概要成绩 27.6% 的变异。总搭配水平与概要成绩呈现显著正相关;总搭配水平高、中、低三组间的概要成绩有显著差异,其中总搭配高水平组的概要成绩显著高于中水平组,总搭配高水平组的概要成绩显著高于低水平组;总搭配水平能预测概要成绩 30% 的变异。

本教学研究对概要教学或研究有如下建议:由于搭配水平对概要成绩有显著的影响,教师要在平时的英语教学中多向学生强调搭配的概念及其重要性,先提高学生的搭配意识,再提高其搭配水平。一方面,教师要在阅读及听力课堂中,引导学生识别并积累搭配知识;另一方面,教师要在写作、翻译、口语课堂中鼓励学生去使用恰当的搭配,并且就学生使用的搭配给出及时的反馈,纠正不恰当的搭配,树立正确的搭配概念,提高学生自主积累搭配的意识,为概要的准确写作奠定语言基础。本文重点研究了搭配中的 V-N 及 A-N 两类搭配对概要的影响,其他类型的搭配,如副词-形容词、副词-动词、名词-名词搭配对概要的影响还有待进一步的教学实验探究。

参 考 文 献

[1] Baba K. 2009. Aspects of lexical proficiency in writing summaries in a foreign language [J]. Journal of Second Language Writing, 18(3):191-208.

[2] Casazza M E. 1993. Using a model of direct instruction to teach summary writing in a college reading class [J]. Journal of Reading, 37(3):202-208.

[3] Devine J. 1993. The role of metacognition in second language reading and writing [C]// Carson J G, Leki I. Reading in the composition classroom: Second language perspectives, Boston: Heinle & Heinle.

[4] Firth J R. 1957. Papers in Linguistics 1934-1951 [M]. Oxford: Oxford University Press.

[5] Friend R. 2000. Teaching summarization as a content area reading strategy [J]. Journal of Adolescent & Adult Literacy, 44(4):320-329.

[6] Johnson N S. 1983. What do you do if you can't tell the whole story? The development of summarization skills [J]. Children's Language, (4):331-400.

[7] Kim S A. 2001. Characteristics of EFL readers' summary writing: A study with Korean university students [J]. Foreign Language Annals, 34(6): 569-581.

[8] Kintsch W, Van Dijk T A. 1978. Toward a model of text comprehension and production [J]. Psychological Review, 85(5): 363-379.

[9] Kirkland M R, Saunders M A P. 1991. Maximizing student performance in summary writing: Managing cognitive load [J]. Tesol Quarterly, 25(1): 105-121.

[10] Marzec-Stawiarska M. 2016. The influence of summary writing on the development of reading skills in a foreign language [J]. System, (59): 90-99.

[11] McDonough K, Crawford W J, De Vleeschauwer J. 2014. Summary writing in a Thai EFL university context [J]. Journal of Second Language Writing, (24): 20-32.

[12] Nguyen T M H, Webb S. 2017. Examining second language receptive knowledge of collocation and factors that affect learning [J]. Language Teaching Research, 21(3): 298-320.

[13] Oded B, Walters J. 2001. Deeper processing for better EFL reading comprehension [J]. System, 29(3): 357-370.

[14] Schmitt N, Carter R. 2004. Formulaic Sequences in Action: An introduction [C]// Schmitt N. Formulaic sequences: Acquisition, processing and use. Amsterdam: John Benjamins Publishing Company.

[15] Siu F K P. 2018. The usefulness of using generalizing words for teaching summary writing [J]. Theory and Practice in Language Studies, 8(5): 482-491.

[16] Wray A. 2002. Formulaic language and the lexicon [M]. Cambridge: Cambridge University Press.

[17] Yang Luxin, Shi Ling. 2003. Exploring six MBA students' summary writing by introspection [J]. Journal of English for Academic Purposes, 2(3): 165-192.

[18] Yasuda S. 2015. Exploring changes in FL writers' meaning-making choices in summary writing: A systemic functional approach [J]. Journal of Second Language Writing, (27): 105-121.

[19] 金怡. 2016. 中学生英语概要写作研究: 问题与对策[J]. 外语测试与教学, (4): 38-42.

[20] 李久亮. 2014. 不同文章体裁概要写作任务的Rasch模型分析[J]. 外语与外语教学, (5): 30-35.

[21] 彭程, 鲍珍. 2017. 二语水平、迁移及即时性对二语搭配习得的影响——基于心理词汇理论的一项实证研究[J]. 天津外国语大学学报, (4): 55-60, 81.

[22] 彭程,王同顺. 2016. 母语迁移对二语心理词汇中搭配习得影响的研究[J]. 当代外语研究,(4):34-38,44.

[23] 张洁. 2020. 高考英语概要写作中原文语言借用的界定与评判[J]. 中国考试,(3):21-27.

通信地址: 鲍 珍 200240 上海交通大学外国语学院(baozhen2020@sjtu.edu.cn)
　　　　　彭 程 201203 华东师范大学第二附属中学(1013785818@qq.com)

国外纠正性反馈有效性研究综述

华中科技大学外国语学院 徐锦芬 王娅婕

摘 要：纠正性反馈在语言教学中的使用频率高,有口头和书面两种形式,国外对纠正性反馈有效性的研究也较为丰富。本文主要关注书面与口头纠正性反馈有效性的相关实证研究,分别探讨影响书面和口头纠正性反馈有效性的相关因素,并对书面及口头纠正性反馈有效性研究中的结果测量方法进行综述,以期为研究者提供启示,推动纠正性反馈有效性研究的发展。

关键词：书面纠正性反馈；口头纠正性反馈；有效性；实验性研究

A Review of Studies on the Effectiveness of Corrective Feedback abroad

Abstract: Corrective feedback is a frequently-used term in language teaching and studies, and its effectiveness has appealed much attention abroad. Corrective feedback can be further divided into oral corrective feedback and written corrective feedback. This study focuses on empirical researches on the effectiveness of written and oral corrective feedback. First, we synthesize factors that influence the effectiveness of written and oral corrective feedback. Next, we assess data collection measures in related studies. We hope to get some implications for researchers and promote studies on the effectiveness of corrective feedback.

Key words: written corrective feedback; oral corrective feedback; effectiveness; empirical studies

1 引言

反馈是课堂教学中的重要组成部分,可以对学习与语言表现产生重大影响(Hattie, Timperley,2007)。许多词都可以用来描述对学习者错误进行反馈的过程,比如纠错(error correction)、修正、纠正性反馈(corrective feedback,简称CF)等。Sheen 和 Ellis (2011)将纠正性反馈定义为在口语和书面语产出中,学习者接收到的关于语言错误的反馈。纠正性反馈的过程是复杂的,纠正性反馈的实施效果受多种因素(个人因素、情境因素等)的影响。

在理论层面,对纠正性反馈的研究为理解互动对二语发展的影响带来很多有益启示(范玉梅,徐锦芬,2016);在教学实践层面,相关研究能帮助教师更好地理解和利用纠正性反馈,促进学生的语言学习。

对于语言学习而言,纠正性反馈是否有效?基于对33篇二语习得领域纠正性反馈相关文献的元分析,Li(2010)指出,纠正性反馈的效应较为显著,且反馈的影响相对持续。同时,从长期来看,隐性反馈的效果优于显性反馈。

纠正性反馈的有效性也推动了研究者在该领域的进一步探索,针对纠正性反馈的实证性研究可分为描述性和实验性两种。描述性研究早期主要对课堂上不同的纠正性反馈策略进行了分类,后期通过话语分析对完整的反馈片段进行了分析(Sheen,2011)。描述性研究很好地阐述了课堂环境下纠正性反馈的实施过程,但未能解决关键问题——纠正性反馈在学习者的中介语发展中起着怎样的作用,因此需要进行实验设计。

实验性研究主要围绕教师和学生对纠正性反馈的看法与态度、纠正性反馈的有效性及其影响因素展开。关于纠正性反馈的研究虽然有很多,但缺少对纠正性反馈有效性影响因素的系统归纳。同时,有研究者指出了纠正性反馈研究在结果测量方法上的局限性(Liu,Brown,2015),但有些观点缺少实验性研究的系统性探究。与国外研究相比,国内纠正性反馈研究在广度与深度上都相对落后,但近年来是国内课堂互动领域的研究热点之一(徐锦芬,寇金南,2014)。

基于此,本研究从书面纠正性反馈有效性和口头纠正性反馈有效性研究入手,对国外最新研究进行综述,以期推动国内纠正性反馈有效性研究的发展。研究问题如下:书面纠正性反馈有效性的影响因素有哪些?口头纠正性反馈有效性的影响因素有哪些?测量书面和口头纠正性反馈有效性的方法有哪些?这些测量方法有何不足?

本研究基于 Web of Science 核心合集进行了文献检索,具体检索条件如下:主题检索(基于标题、关键词、摘要),检索式为("oral feedback" or "written feedback" or "oral corrective feedback" or "written corrective feedback") 和 ("effectiveness" or "effective")。文献类型选择论文或在线发表;研究方向为 Linguistics;文献语种为 English;检索时间范围为 2016—2021 年。在此基础上,笔者对检索出的文献进行进一步筛选,剔除无关文献,保留话题为书面纠正性反馈有效性研究、口头纠正性反馈有效性研究的文献,最后共检索到有效文献31篇,包含6篇综述(其中书面和口头纠正性反馈各3篇)、9篇书面纠正性反馈有效性研究、16篇口头纠正性反馈有效性研究。

2 纠正性反馈的分类与定义

根据反馈对象的差异,纠正性反馈可分为口头纠正性反馈(oral corrective feedback,

简称 OCF)和书面纠正性反馈(written corrective feedback,简称 WCF)。

书面纠正性反馈指对学习者二语书面产出给出反应和评价。书面纠正性反馈既可以是以文字形式呈现在学习者的书面文稿上的,也可以是在协商中对学习者作品给出的口头反馈(Erlam,Ellis,Batstone,2013)。口头纠正性反馈指对学习者二语口语产出给出的反应和评价。口头纠正性反馈通常是即时性的,相较于书面纠正性反馈而言,口头纠正性反馈更加依赖于学习者的短时记忆,因此增加了认知负担(Sheen,2010b)。

除此之外,书面纠正性反馈和口头纠正性反馈还有以下区别(Sheen,2010a):书面纠正性反馈更容易被学习者注意到,而口头纠正性反馈的显著性取决于反馈策略;书面纠正性反馈的受众是个体学习者,口头纠正性反馈虽然也针对个体学习者,但是同样能够被课堂其他成员接收到。

对于口头纠正性反馈和书面纠正性反馈,还可以进一步进行分类。

2.1 对口头纠正性反馈的分类

在二语习得领域,由于研究角度的不同,对口头纠正性反馈的分类标准也会有所不同。表1呈现了 Lyster 和 Ranta(1997)提出的分类标准与示例。

表1 口头纠正性反馈的分类与例子

类型	定义	示例
显性纠错 (explicit correction)	教师直接指出学生表达中的错误,并对错误进行纠正	S(学生):She thinks sports shows is interesting. T(老师):不,这样表达是错的,你应该说"She thinks sports shows are interesting"。
重铸 (recast)	教师直接对学生的错误表达进行部分或全部重构,但不直接指出学生话语的正误	S:She thinks sports shows is interesting. T:She thinks sports shows are interesting.
启发 (elicitation)	教师运用多种策略,比如直接提问"你为什么这样说?"引导学生发现表达中的错误	S:She thinks sports shows is interesting. T:She thinks sports shows...?
元语言反馈 (metalinguistic feedback)	教师引入语言理论或语法知识,提醒学生刚才的表达有误,但是不直接提供正确表达	S:She thinks sports shows is interesting. T:英语中通常用动词"are"修饰复数名词。

续表

类型	定义	示例
澄清请求（clarification request）	教师使用"Excuse me.""I beg your pardon."等语言，提醒学生句子中存在错误，请求学生澄清句子	S: She thinks sports shows is interesting. T: Excuse me?
重复（repetition）	教师以更高的语调重复学生的话	S: She thinks sports shows is interesting. T: Sports shows is?

Ranta 和 Lyster（2007）接着把上述六类纠正性反馈分为两大类：重构（reformulation）和提示（prompts）。其中，重铸和显性纠错都属于重构，因为他们为学习者提供了正确的语言形式。提示则指那些敦促学习者进行自我修正的反馈类型，比如启发、元语言反馈、澄清请求、重复等。根据学习者是否注意到了语言错误，六种纠正性反馈也可分为隐性反馈（implicit feedback）和显性反馈（explicit feedback）两大类。在此分类标准之下，元语言反馈和显性纠错相较于其他反馈类型更为显性。

2.2 对书面纠正性反馈的分类

根据反馈方式，Ellis（2009）将书面纠正性反馈分为三类：直接反馈（direct feedback）、元语言反馈（metalinguistic feedback）和间接反馈（indirect feedback）。需要注意的是，虽然有些研究者在研究中交替使用间接反馈和元语言反馈两个术语，但这两种反馈方式是截然不同的。间接反馈只指出存在错误，元语言反馈则指出了错误的原因和本质。表 2 以学生"She thinks sports shows is interesting."为例，对直接反馈、元语言反馈、间接反馈进行阐述。

表 2 书面纠正性反馈的分类

类型	定义与举例
直接反馈	教师直接指出学生表达中的错误，并对错误进行纠正；教师书面或口头将"is"改为"are"
元语言反馈	教师提供相关线索，用"使用 be 动词的复数""P（指代复数形式，plural form）"等表达来呈现学生错误表达的语言本质
间接反馈	教师通过画圈、画线等方式指出学生书面语产出中存在的错误，或者直接圈出 be 动词"is"，但不对错误的类型做进一步说明

Van Beuningen 等(2012)根据反馈内容的聚焦程度,将书面纠正性反馈分为综合型反馈(comprehensive WCF)、聚焦型反馈(focused WCF)和非聚焦型反馈(unfocused WCF)。综合型反馈是指综合性地纠正学生作品中的每一处错误,这是一种非聚焦的错误纠正手段。相较而言,聚焦型反馈则在有所挑选的基础上,对某一种目标语言错误进行纠正和反馈。另外,综合型反馈和非聚焦型反馈是存在区别的,非聚焦型反馈是对几种特定语法特征进行的反馈,而不是对所有错误进行反馈(Ellis et al.,2008,Sheen et al.,2009)。

3 基于纠正性反馈有效性的实验研究

3.1 影响纠正性反馈有效性的因素

1)书面纠正性反馈

有许多研究都对书面纠正性反馈在多种情境下的角色进行了探讨,总体来说,书面纠正性反馈的影响是积极的,但同时其效果并不是普遍存在的,有效性受到许多因素的影响。下面将综述书面纠正性反馈研究中影响其有效性的因素:反馈的显性程度、外部因素和学习者个体因素。

(1)反馈的显性程度。Nassaji(2009)认为,反馈的显性程度是影响反馈效果的关键因素。反馈的显性程度指的是教师在进行纠正性反馈时,提供给学习者的相关信息的显性程度,这些信息包括错误的性质和如何纠正错误结构(Nassaji,2015)。在上文中,笔者根据反馈方式的差异和反馈内容的聚焦程度,对书面纠正性反馈进行了分类。反馈方式和内容聚焦程度的差异会造成反馈显性程度的差异,从而影响反馈效果。

Bonilla 等(2018)将 139 名低水平二语学习者分成了 4 个实验组(直接反馈语法错误组、元语言反馈语法错误组、直接反馈语法和非语法错误组、元语言反馈语法和非语法错误组)和 1 个控制组,研究不同的纠正性反馈方式对学习者语法和非语法内容的认知和态度的影响。研究发现,直接反馈和元语言反馈都能即时提高学习者语法内容和非语法内容的准确性,但直接反馈更具有长期效果。这可能是因为元语言反馈更为隐性,从而加重了学习者的认知负担,使学习者无法专注于语言特征的学习。

同样是对低水平二语学习者的研究,Nemati 等(2019)将 87 名伊朗英语初学者分成 3 组,研究直接聚焦型反馈、间接聚焦型反馈和不进行反馈对语言学习者一般过去时中隐性和显性知识学习的影响。研究结果表明,直接聚焦型反馈和间接聚焦型反馈在提高学习者的写作准确性上有积极效果。同时,接受了直接聚焦型反馈的学习者的表现好于接受了间接聚焦型反馈的学习者,这可能说明了直接反馈和聚焦型反馈显性程度更高,而反馈的显性程度会影响学习者在理解反馈时的意识,从而影响学习者对反馈的处理(Nassaji, 2009,2015)。

直接聚焦型反馈可以促进一般过去时的显性和隐性知识的习得,在比较直接书面反馈、间接书面反馈和综合型书面反馈时,Mao 和 Lee(2020)也提到了综合型书面反馈对意识的专注度要求更高,会加重意识负担,因此对低水平学习者或许不会起作用,但需要在不同情境、不同学习者和不同目标结构下复制以上研究。正如 Kerz 等(2017)提到,意识在二语习得、隐性与显性知识、学习中的作用仍然没有在实证研究中得到明确,因此需要更深入的实验性研究,同时呼吁此领域的复制性研究。

(2)外部因素。前人的研究同样指出,目标语言结构的特征(复杂程度、显性程度)影响了纠正性反馈的实施效果,如 Shintani 等(2014)以不定冠词和过去虚拟条件句为目标语法,探讨了语法结构的复杂性和显著性与书面纠正性反馈效果之间的关系。研究发现,目标语法结构(此处指过去虚拟条件句)越复杂和显著,书面纠正性反馈的效果也越明显。Suzuki 等(2019)探究了目标语言结构的类型对学生写作和写作修改的准确性的影响,实验对象是 88 名学习英语的日本大学生,实验涉及英语不定冠词和过去完成时。从目标语言结构的复杂性和显著程度来看,过去完成时更显著且更复杂,书面纠正性反馈对其有持续的效果,但对不定冠词则没有这样的效果。这可能是因为学习者更容易注意到像过去完成时这类显性的、意义鲜明的语言结构(Li,Vuono,2019)。

书面纠正性反馈的情境同样会影响反馈的效果。情境因素包括学习发生的宏观环境,最常见的宏观环境是外语环境和二语环境(Ellis,2010)。在反馈效果上,Evans 等(2011)指出,反馈可能在某一情境下有效,但在另一情境下无效。Kang 和 Han(2015)的元分析也提到,反馈在外语情境下比在二语情境下更有效。需要注意的是,反馈是涉及所有教师和学生的,由于情境会影响反馈的效果,应该在不同的国家和地区展开研究。

(3)学习者个体因素。对比口头纠正性反馈与学习者个体因素的研究,关于书面纠正性反馈和学习者个体因素的研究较少(Li,Vuono,2019)。学习者个体因素包括语言水平、语言分析能力、个人目标等。书面纠正性反馈有效性研究主要对语言分析能力、语言水平的影响进行了探索。在对 118 名日本二语学习者的研究中,Shintani 和 Ellis(2015)发现,学习者的语言分析能力越强,在聚焦型反馈中的参与度越高,从反馈中受益也越大。Zheng 和 Yu(2018)研究了中国外语学习者的语言水平对其聚焦型反馈参与的影响,并指出低水平的语言学习者通常在认知和反馈参与上表现消极。语言水平越高,语言分析能力越强,学习者对反馈的深层处理能力就越强,因而反馈效果越好。

学习者参与度(learner engagement)也会影响反馈效果。Ellis(2010)将学习者对反馈的参与度定义为学习者对反馈的回应,他认为可以从情感、行为、认知三个角度来衡量学习者对书面纠正性反馈的参与度。情感层面,衡量学习者对反馈的态度如何;行为层面,衡量学习者是否按照反馈修改其文章;认知层面,衡量学习者如何认知反馈。在情感层面,Mahfoodh(2017)探究了学习者对书面纠正性反馈的情感回应与其文本修改之间的关系,研究发现,惊讶、开心、不满意等情绪会影响学习者对反馈的理解和吸收。在行为与认知层面,Zheng 和 Yu(2018)研究了12名中国低水平学习者对反馈的参与度,发现学习者专业水平对其认知和行为参与存在负面影响。

2)口头纠正性反馈

Lyster 和 Saito(2010)的元分析在二语课堂环境下口头纠正性反馈对目标语发展的有效性进行了综述,指出纠正性反馈对目标语发展具有深刻且持续的影响。下面将综述口头纠正性反馈研究中影响其有效性的因素:反馈的显性程度、外部因素和学习者个体因素。

(1)反馈的显性程度。早期研究主要围绕重铸和元语言反馈的效果展开,亦是对显性纠错(元语言反馈)和隐性纠错(重铸)效果的对比研究。研究指出,重铸的效果受学习者注意程度、重铸指向性强弱的影响(McDonough,2005)。与重铸相比,带有显性语言特征的元语言反馈更能促进学习(Yilmaz,2012)。元语言反馈唤起了学习者对于抽象规则的意识(awareness)(Schmidt,2001),提供了关于目标结构的语言知识,同时还提供了语言结构的正确形式。

Bryfonski 和 Ma(2019)研究了显性(元语言反馈)和隐性纠正性反馈(重铸)在普通话初学者语音学习上的影响,研究发现接受隐性反馈的学习者在语音产出上比接受显性反馈的学习者有更大的提升。此结果与前述研究有所不同,这可能是由反馈中目标语言结构的差异造成的,即对于语音错误而言,隐性反馈对学习者来说反而效果更加显著。

(2)外部因素。反馈时机被认为是影响学习结果和学习者对反馈信息回应的重要因素。根据 Fu 和 Li(2020)的研究结论,反馈时机有两种分类方式:在线(online)与离线(offline)、即时(immediate)与延迟(delayed),此处讨论的反馈时机是根据其第二种分类方式。在反馈时机的选择上,老教师更倾向于即时反馈,而新手教师更支持延时反馈(Rahimi,Zhang,2015)。在反馈效果上,Fu 和 Li(2020)将即时反馈和延时反馈效果进行对比,他们的研究发现,即时反馈的效果优于延时反馈。这一结论可能有以下原因:即时反馈过程中,错误得到及时纠正,从而避免了语言石化;教学后即时进行反馈,反馈的效果是最佳的;在即时反馈后,练习环节促进了学习者知识的内化,这些刚刚在纠正性反馈中得到修正。

宏观上来讲,学习者的情境和文化背景会影响反馈有效性,简单来说,学习者的一语背景会影响他们的学习方式和对纠正性反馈的理解,从而影响反馈的效果。例如,Li(2010)的元分析指出,在纠正性反馈的有效性上,外语情境下的研究比二语情境下的研究效果更显著。这可能是因为和二语背景的学习者相比,外语背景的学习者对错误纠正的态度更积极。不同文化背景的学习者，对反馈的态度也可能有所差异。Yang(2016)把将中文作为第二语言的学习者分为两组，比较了受儒家思想影响的亚洲学习者和欧洲、北美等地学习者对反馈的情感倾向，发现来自亚洲的学习者认为显性纠错更有效，而欧洲、北美学习者相对而言更喜欢元语言反馈。

实验环境也是影响纠正性反馈有效性的重要因素之一。依据不同的实验环境，研究可分为实验室研究和课堂研究。在实验室，外界干扰被降到最低，教师可以更好地进行教学干预。课堂研究被称为准实验研究，因为在课堂环境下，干扰性变量不能完全被控制。Li(2010)针对22篇已发表的研究成果和11篇博士论文的元分析发现，纠正性在实验室研究比在课堂研究的效果好，这可能是因为在课堂环境下存在更多的干扰，反馈通常不能直接指向个体学习者，因此反馈效果受到影响。

Norris和Ortega(2000)的元分析将指导的时长(length of treatment)作为独立变量，分析了简短指导(少于1小时)、短时指导(1~2小时)、中等指导(3~6小时)和长指导(大于7小时)的效果，发现指导的时长越短，反馈效果反而越好。Lyster和Saito(2010)针对15篇文章的元分析进一步研究了指导的时长这一变量对反馈有效性的影响，研究涉及简短指导(少于1小时)、短时到中等指导(1~6小时)、长指导(大于7小时)三类。研究发现，指导的时长越长，效果反而越好，这与前人的研究结果相反。这也说明，需要有更多关于指导的时长和纠正性反馈有效性关系的研究对这个话题进一步展开探索。

(3)学习者个体因素。首先，学习者的语言水平(高级、中级、初级)影响反馈效果。Ammar和Spada(2006)对纠正性反馈中提示和重铸两种方式的研究表明：对于低水平学习者来说，提示比重铸的效果更好；对于高水平学习者而言，两者效果无差异。Li(2014)对汉语二语习得者的研究表明，在量词和表示完成的"了"的学习过程中，元语言反馈对低水平语言学习者的效果优于重铸。由此可见，语言水平稍弱的学生可能对中介语和目标二语的结构之间的不匹配性不够敏感，而显性纠错更能提醒其注意自己的错误，因此学习者对显性纠错的反馈优于隐性纠错。相较而言，语言水平较高的学习者更适应隐性反馈的纠错方式。

工作记忆也会影响反馈效果。作为认知工具，工作记忆负责信息的暂时储存和同时加工(Wen, Li, 2019)。Sawyer和Ranta(2001)指出，二语习得研究者经常将工作记忆和语言能力联系起来，更准确地说是将工作记忆与"注意"的过程联系起来，而这一过程对语言理解至关重要。Goo(2012)探究了学习者在工作记忆上的个体差异如何影响重铸和元语言反馈这两种反馈方式在二语学习中的作用，实验对象是54名韩国某大学的英语学习者，实验的语言目标是引导词that的使用。研究发现，学习者在工作记忆能力上的个体差异会影响其对重铸的"注意"，即工作记忆广度大的学习者更容易"注意"到重铸(Goo, 2012)，"注意"对二语发展至关重要。

最后,焦虑程度会影响学习者对纠正性反馈的处理,从而影响语法准确性。Sheen(2008)研究了学习者的语言焦虑对其在接受重铸之后的语言产出的影响。在该研究中,重铸主要针对冠词错误展开。研究结果表明,低焦虑程度的学习者比高焦虑程度的学习者更容易在重铸中受益,从而在接受重铸之后,产出语法上更准确的语言。学习者在面对反馈时对正确语言表达的不确定性造成了二语焦虑,这种焦虑会影响其对教师反馈的"注意"和处理,从而影响语言产出的效果。

总的来说,学习者语言水平、工作记忆、语言焦虑等都会对学习者的"意识"和"注意"产生影响,从而影响反馈有效性。

3.2 测量书面和口头纠正性反馈有效性的方法

根据测评方式的功能和测评的知识类型,Nassaji(2020)将针对纠正性反馈有效性的任务测评方式分为四类:显性知识测试(explicit knowledge test)、隐性知识测试(implicit knowledge test)、功能性/语用知识测试(functional/pragmatic knowledge tests)和对注意、感知、二语处理的测评。其中,显性知识指的是关于语言的陈述性知识,这类知识通常是有意识的、可以通过学习得到的;隐性知识则是程序化的,很少涉及意识,掌握程度可以通过语言的流利度和自发性进行判断。下文将分别归纳书面和口头纠正性反馈常用的测评方式,并对其进行介绍。

对书面反馈有效性的测评方式以写作任务为主,具体包括图片写作、话题写作、文本重构任务等。Nassaji(2020)将图片描述任务、重写故事、重述故事等测评方式归类为自由产出性任务(free production tasks),这类任务是测量隐性知识的一种方式。由此可见,针对书面纠正性反馈有效性的测评主要以隐性知识为主。Nemati 等(2019)的研究探索了教师书面纠正性反馈对学生学习一般过去时中显性知识和隐性知识的影响,由于其研究主题的特殊性,测评方式也较上述研究特殊,具体包括不限时语法判断测试、元语言测试、文本总结任务、限时语法判断测试。不限时语法判断测试和元语言测试都引导学习者"注意"语言形式和用法,涉及关于语言的陈述性知识。限时语法判断测试给了学生时间上的压力,因此,学生很少有机会去借助显性知识,而文本总结测试则属于自由产出任务。根据隐性知识和显性知识的定义,前两类任务测试显性知识,后两类任务测试隐性知识。

相较于书面纠正性反馈,对口头纠正性反馈的测评方式则更加丰富。具体涉及的测评方式包括重述故事、刺激回忆(stimulated recall)、语法判断测试、引出性模仿测试(elicited imitation test)、图片描述任务等。在上述方法中,刺激回忆帮助学习者回忆了在完成任务时内心的想法,此方法测评了学习者对感知、注意的处理。引出性模仿测试要求学习者先听一段含有目标语言结构的话语,再尽可能精确地重复该话语,此方法测评了学习者的隐性知识。除了这些传统的测评方式,一些研究也引入了交际游戏或任务来对反馈的有效性进行测评(Yilmaz,2012)。其中,Sato 和 Loewen(2018)在研究纠正性反馈对学习者英语第三人称单数和物主限定词习得的影响时,借助了教材上的交际任务,该任务的主题是描述他人的相貌和习惯,这一主题很好地引出了对目标语言结构的使用。

4 纠正性反馈研究的不足与启示

4.1 书面纠正性反馈

在书面纠正性反馈有效性研究的目标语言结构的选定上,多偏向于形态句法特征,如一般过去时(Nemati et al.,2019)、不定冠词、虚拟条件句(Shintani et al.,2014),对语音、语用关注较少,未来的研究应在语音、语用上多加探索。

另外,关于书面纠正性反馈的研究存在的不足是,这些研究通常是去情境化的,将教师提供反馈和学习者修改视为线性活动(Goldstein,2006)。在相关研究中,关于学习者的细节通常只有年龄、性别、一语和二语能力,缺少诸如教师和学习者的目标、教师与学习者的关系、教室情境或者更多的情境方面的信息。而个人因素、情境因素、反馈的性质等信息能帮助研究者根据某一情境中的研究推断其他二语环境中的研究结果。

在测评方式上,对书面纠正性反馈有效性的测评方式以自由产出性任务为主。在对任务的设计上,此类任务面临的一个挑战是如何以自然的方式引出特定的目标结构(Loschky,Bley-Vroman,1993)。相关研究需要通过图片等形式设计一个特定的情境来引出特定目标结构的使用,当学习者在特定情境中使用目标结构时,其注意力被转移到了语言形式即语言的显性知识上,而自由产出性任务本应是对隐性知识的测评。

最后,大多数实验性研究没有同时覆盖对隐性和显性反馈的测评,同时对效果的测评不太全面。在此基础上,未来的研究应用多种方式测试并关注知识的多方面(精确度、复杂性、流利度)。

4.2 口头纠正性反馈

首先,学习者的文化背景和情境会影响其对纠正性反馈的认知和纠正性反馈的效果。现阶段,多数关于书面纠正性反馈的研究主要集中在英语国家(Bonilla et al.,2018),而同一实验在不同文化背景下可能会有不同结果,因此,研究者有必要进行复制性实验,在新的语境、文化中重证前人的结果,加入新发现,验证前人发现的普适性。

其次,纠正性反馈研究的环境设定缺少生态合理性(ecological validity)。生态合理性又称外部合理性,指的是某一研究能被概括并运用于其他学习者和情境的程度,即研究的普适性(Li,2018)。在实际课堂上,教师通常不会只针对一种语法形式频繁进行纠正性反馈,而是会对学生的错误进行广泛反馈(Nassaji,2020),而此类研究涉及的语言目标是单一的。因此,研究者在实验设计上应该将反馈视作课堂教学整体的一部分,即注重语言的交际性。

最后,在口头纠正性反馈有效性的测评方法中,刺激回忆性测试以唤起学习者任务中的记忆和意识为目的,但是并非所有的心理过程都是有意识的,且任务过程和回忆区间之间存在时间间隙,这种间隙会影响学习者的记忆。在引出性模仿测试中,研究者很难确定学习者是否是在理解的基础上对句子进行加工,因为学习者的重复可能是借助了工作记忆,而这与该测试的目的相偏离。因此,未来的研究应用多种方式测评,从而得到更全面的结果,减少因测评方式造成的误差。

参 考 文 献

[1]范玉梅,徐锦芬,2016. 国外二语/外语课堂口头纠正性反馈研究综述[J]. 解放军外国语学院学报,(5):121-128.

[2]徐锦芬,寇金南,2014. 基于词频的国内课堂互动研究热点及趋势分析[J]. 解放军外国语学院学报,(3):1-9.

[3] Ammar A, Spada N, 2006. One size fits all?: Recasts, prompts, and L2 Learning [J]. Studies in Second Language Acquisition, 28(4):543-574.

[4] Bonilla López M, Van Steendam E, Speelman D, et al., 2018. The differential effects of comprehensive feedback forms in the second language writing class[J]. Language Learning, 68(3):813-850.

[5] Bryfonski L, Xue M, 2019. Effects of implicit versus explicit corrective feedback on mandarin tone acquisition in a SCMC learning environment [EB/OL]. Studies in Second Language Acquisition. [2021-05-23]. https://www.cambridge.org/core/journals/studies-in-second-language-acquisition/article/abs/effects-of-implicit-versus-explicit-corrective-feedback-on-mandarin-tone-acquisition-in-a-scmc-learning-environment/87E592FC88FC7018E220E0CB6C50434F.

[6] Ellis R, 2010. A framework for investigating oral and written corrective feedback[J]. Studies in Second Language Acquisition, 32(2), 335-349.

[7] Ellis R, Sheen Y, Murakami M, et al., 2008. The effects of focused and unfocused written corrective feedback in an English as a foreign language context[J]. System, 36(3):353-371.

[8] Ellis R, 2009. A typology of written corrective feedback types[J]. ELT Journal, (63):97-107.

[9] Erlam R, Ellis R, Batstone R, 2013. Oral corrective feedback on L2 writing: Two approaches compared[J]. System, 41(2):257-268.

[10] Evans N, Hartshorn K, Strong-Krause D, 2011. The efficacy of dynamic written corrective feedback for university-matriculated ESL learners[J]. System, 39(2):229-239.

[11] Fu Mengxia, Li Shaofeng, 2020. The effects of immediate and delayed corrective feedback on L2 development [EB/OL]. Studies in Second Language Acquisition. [2021-01-21]. https://www.cambridge.org/core/journals/studies-in-second-language-acquisition/article/abs/effects-of-immediate-and-delayed-corrective-feedback-on-l2-development/B4B2D455749B752BD4F6DD636ACD688F.

[12] Goldstein L M, 2006. Feedback and revision in second language writing: Contextual, teacher, and student variables [M]// Hyland K, Hyland F. Feedback in second language writing:Contexts and issues. Cambridge:Cambridge University Press, 185-205.

[13] Goo J, 2012. Corrective feedback and working memory capacity in interaction-driven L2 learning [J]. Studies in Second Language Acquisition, 34(3):445-474.

[14] Hattie J, Timperley H, 2007. The power of feedback[J]. Rev. Educ. Res., 77(1):81-112.

[15] Kang E, Han Z, 2015. The efficacy of written corrective feedback in improving L2 written accuracy: A meta-analysis[J]. The Modern Language Journal, 99(1): 1-18.

[16] Kerz E, Wiechmann D, Riedel F B, 2017. Implicit learning in the crowd: Investigating the role of awareness in the acquisition of L2 knowledge[J]. Studies in Second Language Acquisition, 39(4):711-734.

[17] Li Shaofeng, 2010. The effectiveness of corrective feedback in sla: A meta-analysis[J]. Language Learning, 60 (2):309-365.

[18] Li Shaofeng, 2014. The interface between feedback type, L2 proficiency, and the nature of the linguistic target[J]. Language Teaching Research, 18(3):373-396.

[19] Li Shaofeng, 2018. Data collection in the research on the effectiveness of corrective feedback:A synthetic and critical review[M]// Gudmestad A, Edmonds A. Critical reflections on data in second language acquisition. Amsterdam:John Benjamins Publishing Company, 33-61.

[20] Li, Shaofeng, Vuono A, 2019. Twenty-five years of research on oral and written corrective feedback[J]. System (84):93-109.

[21] Liu Qiandi, Brown D, 2015. Methodological synthesis of research on the effectiveness of corrective feedback in L2 writing[J]. Journal of Second Language Writing, (30):66-81.

[22] Loschky L, Bley-Vroman R, 1993. Grammar and task based methodology[M]// Crookes G, Gass S M. Tasks and language learning: Integrating theory and practice. Bristol: Multilingual Matters, 123-167.

[23] Lyster R, Ranta L, 1997. Corrective feedback and learner uptake—Negotiation of form in communicative classrooms[J]. Studies in Second Language Acquisition. 19(1):37-66.

[24] Lyster R, Saito K, 2010. Oral feedback in classroom SLA: A meta-analysis. Studies in Second Language Acquisition, 32(2):265-302.

[25] Mackey A, Gass S, McDonough K, 2000. How do learners perceive interactional feedback? [J] Studies in Second Language Acquisition, (22):471-497.

[26] Mahfoodh O, 2017. I feel disappointed: EFL university students' emotional responses towards teacher written feedback[J]. Assessing Writing, (22):53-72.

[27] Mao Zhicheng, Lee I, 2020. Feedback scope in written corrective feedback: Analysis of empirical research in L2 contexts[J]. Assessing Writing, (45):100469.

[28] McDonough K, 2005. Identifying the impact of negative feedback and learners' responses on ESL question development[J]. Studies in Second Language Acquisition, 27(1):79-103.

[29] Nassaji H, 2020. Assessing the effectiveness of interactional feedback for L2 acquisition: Issues and challenges[J]. Language Teaching, 53(1):3-28.

[30] Nassaji H, 2009. Effects of recasts and elicitations in dyadic interaction and the role of feedback explicitness[J]. Language Learning, 59(2), 411-452.

[31] Nassaji H, 2015. Interactional feedback dimension in instructed second language learning[M]. London: Bloomsbury Publishing.

[32] Nemati M, Alavi S M, Mohebbi H, 2019. Assessing the effect of focused direct and focused indirect written corrective feedback on explicit and implicit knowledge of language learners[EB/OL]. Language Testing in Asia. [2021-05-29]. https://languagetestingasia.springeropen.com/articles/10.1186/s40468-019-0084-9.

[33] Norris J, Ortega L, 2000. Effectiveness of L2 instruction: A research synthesis

and quantitative meta-analysis[J]. Language Learning, 50(3):417-528.

[34]Rahimi M, Zhang L J, 2015. Exploring non-native English-speaking teachers' cognitions about corrective feedback in teaching English oral communication[J]. System, (55):111-122.

[35]Ranta L, Lyster R, 2007. A cognitive approach to improving immersion students' oral language abilities: The awareness-practice-feedback sequence[M]// DeKeyser R. Practice in a second language: Perspectives from applied linguistics and cognitive psychology. Cambridge:Cambridge University Press.

[36]Sato M, Loewen S, 2018. Metacognitive instruction enhances the effectiveness of corrective feedback: Variable effects of feedback types and linguistic targets[J]. Language Learning, 68(2):507-545.

[37]Sawyer M, Ranta L, 2001. Aptitude, individual differences and instructional design[M]// Robinson P. Cognition and second language instruction. New York: Cambridge University Press.

[38]Sheen Y, 2008. Recasts, Language Anxiety, Modified Output, and L2 Learning[J]. Language Learning, 58(4):835-874.

[39]Sheen Y, Wright D, Moldawa A, 2009. Differential effects of focused and unfocused written correction on the accurate use of grammatical forms by adult ESL learners[J]. System, 37(4):556-569.

[40]Sheen Y, 2010a. Differential effects of oral and written corrective feedback in the ESL classroom[J]. Studies in Second Language Acquisition, 32(2):203-234.

[41]Sheen Y, 2010b. Introduction:The role of oral and written corrective feedback in SLA[J]. Studies in Second Language Acquisition, 32(2):169-179.

[42]Sheen Y, Ellis R, 2011. Corrective feedback in language teaching[M]// Hinkel E. Handbook of research in second language teaching and learning Vol. 2. New York:Routledge.

[43]Sheen Y, 2011. Corrective Feedback, Individual Differences and Second Language Learning Vol. 13[M]. Amsterdam:Springer Netherlands.

[44]Shintani N, Ellis R, 2015. Does language analytical ability mediate the effect of written feedback on grammatical accuracy in second language writing?[J]. System, (49):110-119.

[45]Shintani N, Ellis R, Suzuki W, 2014. Effects of written feedback and revision on learners' accuracy in using two English grammatical structures[J]. Language

Learning, 64(1):103-131.

[46] Suzuki W, Nassaji H, Sato K, 2019. The effects of feedback explicitness and type of target structure on accuracy in revision and new pieces of writing[J]. System, (81), 135-145.

[47] Van Beuningen C G, De Jong N H, Kuiken F, 2012. Evidence on the effectiveness of comprehensive error correction in second language writing[J]. Language Learning, 62(1):1-41.

[48] Wen Zhisheng, Li Shaofeng, 2019. Working memory in L2 learning and processing[M]// Schwieter J, Benati A. The Cambridge handbook of language learning. Cambridge:Cambridge University Press.

[49] Yang Juan, 2016. Learners' oral corrective feedback preferences in relation to their cultural background, proficiency level and types of error[J]. System, (61):75-86.

[50] Yilmaz Y, 2012. The relative effects of explicit correction and recasts on two target structures via two communication modes[J]. Language Learning, 62(4):1134-1169.

[51] Zheng Yao, Yu Shulin, 2018. Student engagement with teacher written corrective feedback in EFL writing: A case study of Chinese lower-proficiency students[J]. Assessing Writing, (37):13-24.

通信地址： 430074 华中科技大学外国语学院
徐锦芬（xujinfen@hust.edu.cn）
王娅婕（wangyajie@hust.edu.cn）

语言学研究
Linguistic Studies

沈知予詩選

合作及礼貌语言视角下的中国女性语言特征探究
——以《围城》为例

华中科技大学外国语学院 孙云梅 夏钲鹃

摘 要：目前有关女性语言特征的研究大部分是以英语国家的女性语言为对象，很少有专门针对中国女性话语特征的相关研究。本文以钱钟书《围城》中鲍、苏、唐、孙四位女性与其心爱之人方鸿渐的对话为语料，以格莱斯（Grice）的合作原则和利奇（Leech）的礼貌原则为理论框架，分析四位中国女性的语言特征，以及这些语言特征产生的原因。研究发现，同一女性的语言特征会随着说话人与听话人之间关系的变化而变化，而受教育程度、男女地位偏差及不同的角色分工等社会因素是女性语言特征差异产生的主要原因。

关键词：合作原则；礼貌原则；女性语言特征

A Study on the Features of Chinese Women's Language from the Perspective of Cooperative Principle and Politeness Principle: A Case Study of *Fortress Besieged*

Abstract: Most studies on the women's language features are based on the female language of English-speaking countries, while there are few studies specifically on the Chinese women's language features. Based on a classic in the modern history of Chinese literature—*Fortress Besieged*, this study took the conversations between Bao, Su, Tang, Sun and their beloved Fang Hongjian as the data, with Grice's Cooperative Principle and Leech's Politeness Principle as the theoretical framework, analyzing these four Chinese women's language features, as well as the causes of these language features. The findings show that the language characteristics of the same woman would change as the relationship between the speaker and the listener changes. Besides, education level and social factors are the main reasons for the differences in female language characteristics.

Key words: Cooperative Principle; Politeness Principle; women's language features

1 引言

20世纪初，语言学家叶斯柏森（Jespersen）从词汇与语法角度解释了女性语言特征，之后越来越多的国内外学者开始关注女性语言特征的研究。到目前为止,女性语言特征的研究主要有以下几类:(1)男性与女性语言特点的对比分析,如谷晓琳(2013);(2)女性语言特征研究的综述,如 Zhu(2019);(3)以某文学作品或电影为例分析女性语言特征,如 Rahadiyanti(2020)。国内外研究均以英语文学作品中的人物语言为主要研究语料,对中国女性语言特征的研究,鲜少出现(蔡晓斌,2006;晓玥,2011)。

本文以格莱斯的合作原则及利奇的礼貌原则为理论框架,以中国历史上最能代表近现代女性地位崛起的过渡阶段时期的作品之一——《围城》中四位女性与男主人公的对话为语料,分析女性语言特征及产生这些特征差异的原因。

2 文献综述

2.1 女性语言特征与合作原则

Jespersen(1922)介绍并阐述了女性语言特征,并从词汇和句法的角度指出了两性在使用语言上的不同之处。在词汇上,女性比男性更常使用委婉语,更少使用脏话。整体上看,女性使用语言比男性更为保守。在句法上,女性比男性更少使用复杂句。Jespersen 对两性语言现象的阐释无疑促进了两性语言研究的发展。但在这个时期,语言学家们更多的只是提出和解释了两性语言之间存在不同的社会现象,并未对其细节进行进一步研究和探索。直到1975年,Lakoff《语言与妇女》(*Language and Women's Place*)一书的出版标志着语言与性别的研究成为语言学中的一个分支(杜艳洁,2017)。在《语言与妇女》一书中,Lakoff 首次提出"女性语言"这一概念,并将其与男性语言区别开来。她提出,可以从词汇、句法和语义三个层面分析女性语言的区别性特征。

牛津大学哲学家格莱斯在题为"逻辑与会话"的演讲中,提出了合作原则(Cooperative Principle),该原则包括数量准则(Quantity)、质量准则(Quality)、关系准则(Relation)和方式准则(Manner)。合作原则意图描写会话中实际发生的事情。人们并不会一直遵守合作原则,也就是说,人们会违反准则(胡壮麟,2013)。格莱斯在其《逻辑与会话》(*Logic and Conversation*)一书中指出,当人们在有意识或无意识间未遵守合作原则时,就产生了会话含义。会话含义指不包含在话语之内的额外意义。这种额外意义只有当听话者和说话者具有共同知识,或当听话者知道说话者为什么以及如何有意违背合作原则中的某一准则时,才能被理解。

目前,在合作原则视角下,针对女性语言特征的研究很少出现(曹佳,2010;胡伟,范晨辉,2012;苗蕻,2012)。以某文学作品或电视剧为研究材料,通过分析材料中对话对合作原则的遵守或违反,剖析遵守或违反原因及影响因素。其中,胡伟、范晨辉(2012)的研究目的是探讨中国女性与丈夫和儿女之间的沟通模式和家庭地位,但其理论框架仅限于合作原则,对中国女性的家庭地位及与家人的沟通模式的展现不够充分。

2.2 女性语言特征与礼貌原则

利奇(1983)指出,人们在与人交流过程中,为了向对方表示尊重和礼貌,有时会违反合作原则。由于格莱斯提出的合作原则并未包含这种间接含义,因此,Leech(1983)提出了礼貌原则(Politeness Principle)。礼貌原则分为六个准则,分别是:得体准则(Tact Maxim)、慷慨准则(Generosity Maxim)、赞誉准则(Approbation Maxim)、谦虚准则(Modesty Maxim)、一致准则(Agreement Maxim)及同情准则(Sympathy Maxim)。

礼貌原则关注的是在交际过程中说话者的礼貌行为。张璟(2016)指出,女性比男性更能够保持礼貌原则,女性更倾向于向听众显示她们的尊重,以及避免造成冲突。

相对来说,在女性语言特征的研究中,礼貌原则要比合作原则出现得多(胡伟,楚军,2009;张璟,2016;杜艳洁,2017;冯圆媛,2020)。与合作原则视角下的女性语言特征相关研究类似,礼貌原则视角下的女性语言特征研究同样以某文学作品或电视剧为研究材料,只是该视角下的研究大多选取的是英语国家的文学作品或电视剧(张璟,2016;杜艳洁,2017)。也就是说,礼貌原则视角下,研究者多关注英语国家女性的语言特征。

2.3 国内外关于合作及礼貌视角下的女性语言研究现状

目前,国外几乎没有关于合作或礼貌原则视角下的女性语言研究。国内相关研究大概分为两种类型。一是对英语国家的女性语言特征的相关研究,研究者以某文学作品或电视剧为语料,对其中女性的语言进行分析,以得出女性性格的特点、女性在社会上的地位,以及了解西方国家的思想文化和跨文化交际中的一些原则及应对策略(曹佳,2010;苗蕻,2012;张璟,2016)。二是对中国女性语言特征的相关研究。关于中国女性语言特征的研究远远少于对英语国家女性语言特征的研究,主要探索中国某一具体时期背景下,中国女性在当时的语言特征,以此推断其家庭地位、社会角色等(胡伟,范晨辉,2012)。

探究某一具体时期中国女性语言特征,对于了解该社会及文化背景下的女性地位与角色等有着重要的意义。鉴于上述国内外研究的现状,本文以《围城》为语料,将格莱斯的合作原则及利奇的礼貌原则作为理论框架,分别从话题、言语表达及言语个体性三个方面,对《围城》中苏文纨、鲍小姐、唐晓芙、孙柔嘉四位女性的语言进行分析,并从社会及文化的角度探究其背后的原因。具体来说,本文将围绕以下三个问题进行研究:

(1)《围城》中四位女性分别具有什么语言特征?

(2)《围城》中四位女性的语言特征有什么异同?

(3)《围城》中四位女性的语言特征揭示了什么社会现象、文化背景?

3 研究方法

3.1 研究语料

《围城》一书中有大量男主人公方鸿渐与鲍、苏、唐、孙四位女性之间的对话,这四位女性皆与方鸿渐有感情纠葛。从书中的叙述线来看,在回国的法国邮船上,男主人公方鸿渐与已有未婚夫的鲍小姐在船上的暧昧关系,在鲍小姐下船前对其冷漠时彻底结束。鲍小姐的离开让本对方鸿渐有好感的苏文纨有机会与方接近,二人下船到达上海后,苏文纨频频邀请方到她家去聊天、聚餐。苏文纨的表妹——唐晓芙一出现,方鸿渐则开始追求唐,又因为苏文纨在方和唐之间煽风点火,方鸿渐的追求以失败告终。而后,方鸿渐在去往三闾大学任教的途中结识了同样要去三闾大学任助教的孙柔嘉。之后,书中则进一步叙述了二人"围城式"的婚姻。

四位女性在与男主人公交往的过程中,因为各自的家庭出身、受教育状况、职业、成长和生活环境的不同,她们与男主人公交往时使用的语言也大不相同,她们所使用的语言展现出不同的女性语言特征。因此,笔者将这四个语言特征鲜明的女性个体作为本文的研究对象,把四人与方鸿渐的对话作为研究语料。

3.2 语料收集与分析方法

为了有效对比四位女性的语言,本文筛选出几位女性与男主人公的所有对话,并以格莱斯的合作原则和利奇的礼貌原则为理论框架,分别标记出每位女性与男主人公对话中遵守或违反了哪些合作原则以及礼貌原则。接着,根据所标记出的每位女性与男主人公对话中遵守或违反了的合作原则以及礼貌原则,分析相应原则使用的原因及其所达成的目的。最后,笔者根据语言发生的背景,从话题、言语表达及言语个体性三个方面总结四位女性的语言特征。

4 结果

4.1 合作原则视角下四位女性的语言特征

合作原则视角下四位女性的语言特征详见表1。

表1　合作原则视角下四位女性的语言特征

人物	女性语言特征	合作原则的运用	使用原因	达成目的
鲍小姐	1.话题:情感类 2.言语表达:夸张意味的形容词或副词 3.言语个体性:声调较高;直言不讳	1.违反关系准则 2.违反质量准则	1.表明自己看穿了男人的"甜言蜜语" 2.故意透露给方鸿渐自己也是"一个人睡"的信息	1.让方鸿渐顺从自己 2.希望方鸿渐主动
苏文纨	1.话题:着装;生活琐事;抱怨;感悟 2.言语表达:常用附加疑问句 3.言语个体性:语气舒缓;声音偏低;不明显表露自己的情感	1.违反关系准则 2.违反数量准则 3.违反质量准则 4.违反方式准则	1.委婉表达自己乐意接受方鸿渐的陪伴 2.表达对鲍小姐和方鸿渐在这之前暧昧关系的嫉妒、吃醋情绪 3.表达对方鸿渐在意唐晓芙的吃醋心理 4.委婉表达对方鸿渐的爱意	1.表现出对方鸿渐的爱慕之情 2.让方鸿渐知道自己把他与鲍小姐之间的暧昧关系看在眼里 3.试探方鸿渐对唐晓芙的在意程度 4.希望方鸿渐主动向自己求爱
唐晓芙	1.话题:感悟;对某件事的观点及看法 2.言语表达:句子结构精简但内容丰富 3.言语个体性:节奏偏快;直言不讳	1.违反质量准则 2.违反关系准则 3.违反数量准则 4.违反方式准则	1.对方鸿渐无好感且看不起他 2.想知道苏文纨在背后对自己的评价 3.因刚和苏文纨说不会去和方鸿渐吃饭,而又答应方鸿渐赴约,怕得罪苏文纨 4.看穿方鸿渐喜欢自己,但对方追求自己的手段很俗套	1.为了打消对方对自己有好感的念头 2.为维护自己的名声 3.为让方鸿渐向苏文纨隐瞒二人相约吃饭的事 4.让方鸿渐明白,自己不是那种单纯、容易被骗的傻女孩儿

续表

人物	女性语言特征	合作原则的运用	使用原因	达成目的
孙柔嘉	1.话题:爱情;家庭;生活琐事;抱怨 2.言语表达:夸张意味的形容词、副词等;咒骂语 3.言语个体性:声音偏低,说话节奏较慢(婚前);语气粗犷,声调较高(婚后)	1.违反数量准则 2.违反关系准则 3.违反质量准则	1.方鸿渐提醒赵新楣向校长为自己求差旅费,表达自己对方鸿渐的谢意 2.自己爱慕方鸿渐,但不采取主动方式 3.婚后的孙柔嘉不再知书达理,常吃醋、嫉妒、无理取闹	1.为了让方鸿渐知道自己在船上听到了他与赵新楣的所有对话,尤其指赵新楣调侃方鸿渐与自己那段 2.让方鸿渐知道外面有人误会他们之间的关系 3.向丈夫方鸿渐发泄自己的不满,想取得对方的理解

4.2 礼貌原则视角下四位女性的语言特征

礼貌原则视角下四位女性的语言特征详见表2。

表2 礼貌原则视角下四位女性的语言特征

人物	女性语言特征	礼貌原则的运用	使用原因	达成目的
鲍小姐	1.话题:生活琐事 2.言语表达:夸张意味的形容词或副词等 3.言语个体性:字里行间流露出自己的情感和态度	1.违反礼貌原则 2.遵守礼貌原则	1.方鸿渐通过赞赏鲍小姐的肤色向其表达好感 2.有未婚夫的鲍小姐下船时就意味着与方鸿渐的暧昧关系结束了	1.鲍小姐违反礼貌原则,贬低苏文纨,也贬低方鸿渐,表明自己对方鸿渐的不屑 2.通过遵守礼貌原则,鲍小姐暗示二人的暧昧关系到此结束
苏文纨	1.话题:感情;生活琐事 2.言语表达:弱化的咒骂语;疑问句结构 3.言语个体性:语气舒缓;谈话内容话题的布局严谨	1.遵守礼貌原则 2.违反礼貌原则	1.回国后,苏文纨害怕方鸿渐已经完婚,因此二人保持距离 2.方鸿渐终于鼓起勇气向苏文纨表明自己心里喜欢的是其他人	1.通过遵守礼貌原则,苏文纨想试探方鸿渐是否结婚 2.以为自己爱慕之人喜欢自己,却得知其喜欢的另有其人时,受过高等教育的苏文纨还是没忍住违反礼貌原则,表达了自己知道真相后的愤怒

续表

人物	女性语言特征	礼貌原则的运用	使用原因	达成目的
唐晓芙	1. 话题:情感类 2. 言语表达:逻辑性强;语体正规;"报告式" 3. 言语个体性:语气肯定;简洁有力	遵守礼貌原则	唐晓芙知道了方鸿渐在法国邮船上与鲍小姐及与表姐苏文纨的情感纠葛后,并未破口大骂,仍旧遵守礼貌原则	在知道自己爱慕之人的情史后,仍旧保持理智,为的是在方鸿渐面前保持尊严
孙柔嘉	1. 话题:生活琐事;家庭;抱怨 2. 言语表达:模糊语(婚前);咒骂语(婚后) 3. 言语个体性:委婉含蓄、声调偏低(婚前);直接性、针对性、声调偏高(婚后)	1. 遵守礼貌原则 2. 违反礼貌原则	1. 认识方鸿渐时便把其当作结婚对象,所以婚前的孙柔嘉一直遵守礼貌原则,因为她坚信男人喜欢温柔、知书达理的女孩子 2. 在与方鸿渐结婚后,由于二人本身性格和双方家庭背景之间的冲突,孙柔嘉不再隐藏自己的本性	1. 为了接近方鸿渐,婚前的孙柔嘉一直遵守礼貌原则 2. 为表达作为妻子受到的委屈和痛苦,孙柔嘉不断地埋怨周围的人和事,完全不顾自己以往的好形象

5 讨论

基于合作原则及礼貌原则,表1和表2从话题、言语表达及言语个体性三个方面对四位女性的语言特征进行了归类。将表1和表2糅合在一起,对四位女性所呈现出的语言特征及分析的具体阐释如表3所示。

表3 四位女性的语言特征及分析

人物	女性语言特征	分析
鲍小姐	1. 与倾慕之人之间的话题都是情感类和生活琐事 2. 言语表达上喜用夸张词汇 3. 说话声调高，与人交流直言不讳	鲍小姐违反合作原则，违反或遵守礼貌原则。违反相关原则时，其与方鸿渐正暧昧，后遵守礼貌原则暗示双方的暧昧关系到此结束。鲍小姐通过遵守和违反相关原则，将其对方鸿渐的感情态度淋漓尽致地展现了出来。相比其他几位女性，鲍小姐文化水平并不高，因此其在语言特征上，声调较高，不像当时中国传统历史背景下的女性那样温柔、含蓄。但由于鲍小姐出过国，相比国内传统女性来说，鲍小姐是开放的象征，因此在语言表达上不受束缚，直言不讳
苏文纨	1. 与心上人交流时喜欢聊着装、感情，经常向对方抱怨 2. 在言语表达上，会用附加疑问句；生气时，会说一些弱化的咒骂语 3. 语气舒缓，声音偏低，不会明显表露自己的情感	尽管苏文纨受教育程度高，出国读过书，受过西方思想的熏陶，但她本质上仍旧是典型的20世纪40年代的传统女性；男尊女卑的思想仍然扎根于苏文纨的观念中。因此，在与爱慕之人方鸿渐对话时，苏文纨大多时候都遵守着传统女性的说话特点，即语气舒缓、声音偏低。当然这也是由于其本身家境优渥，当时的富贵人家必然在言行举止上有规范
唐晓芙	1. 与心上人交谈时，话题多倾向于情感类和生活琐事 2. 会用夸张的形容词或副词。说话音调高，逻辑性强，使用"报告式"语言 3. 直言不讳，话里话外流露出自己的情感和态度	唐晓芙是小说中真正摆脱中国旧式传统束缚、有着自己独立人格的女性。出生在一个文化底蕴丰富的家庭，唐晓芙和苏文纨一样，是懂得礼数、有教养的女性，因此在语言表达上，整体表现出得体和自信。尽管唐晓芙不像苏文纨一样出过国，但她毕竟也在国内接受了高等教育，因此在方鸿渐谈论关于政事、历史等话题时，她也毫不逊色。并且，在语言表达上，唐晓芙与其他女性有很大不同，表现在：当唐晓芙与方鸿渐对话时，并未刻意将音调放低，反而是较高；另外，其发言基本不像其他女性一样，将自己的情感借助语言表现出来，她的话语整体呈现出简洁有力、逻辑性强的特点，凸显出她与其他几位女性在性格上大不相同

续表

人物	女性语言特征	分析
孙柔嘉	1. 与爱人交流时经常聊爱情、家庭类的话题，喜欢抱怨、发牢骚 2. 经常使用咒骂语和模糊语 3. 在与心上人结婚前，与其交流时声音偏低、说话节奏慢、委婉含蓄；结婚后，语气粗犷、声调较高，具有直接性、针对性	孙柔嘉是四位女性中语言特征动态变化最明显的人物。同其他几位女性相比，她既没有鲍小姐出过国的经历，也没有苏文纨优渥的家境，更没有唐晓芙洒脱的性格。她在成长的家庭中不受重视，内心自卑。因此，她在面对爱慕之人——方鸿渐时，不像苏文纨一样敢表达出来，而是通过一些手段一步步靠近方鸿渐。她的自卑和对方鸿渐所使的手段都在其语言上淋漓尽致地表现了出来。结婚前的孙柔嘉在方鸿渐面前是一个温柔、知书达理的大家闺秀，说话时音调较低，节奏慢，表达也委婉含蓄。结婚后的孙柔嘉与之前形成强烈对比。她不再掩藏自己的本性，将自己的嫉妒、不满毫无保留地发泄出来。结婚后的孙柔嘉宛如一个泼妇，这时她的语言不再细腻温柔，而是粗犷，且时常带有咒骂语。孙柔嘉通过违反合作原则一步步靠近方鸿渐，两人在一起后，其大胆地违反礼貌原则，只管发泄自己的情绪，不顾对方感受

在合作原则及礼貌原则的视角下，笔者从四位女性与男主人公的对话中，分析她们的语言特征，不难发现每位女性的语言特征都十分鲜明。鲍小姐虽未受过高等教育，但出国的经历使她与当时国内的传统女性大不相同。因此，她的语言特征也大致与教育背景、家庭背景等相符。苏文纨接受了良好的高等教育，也受新式思潮影响，因此在与自己心仪之人交流时不会表现得低人一等，而是以平等的方式与对方交流。这在她的语言表达中也凸显了出来。唐晓芙虽未出过国，但其家庭优渥，加上受过高等教育，因此，她在与方鸿渐交谈的过程中，不卑不亢，大胆表达自己的想法。至于孙柔嘉，从家庭背景上看，成长家庭"重男轻女"的思想让她没有存在感，因此，她并不自信，而且家庭物质条件也很一般。从教育背景来说，孙柔嘉并不像苏文纨那样接受过西方文化的熏陶，她只接受过国内的高等教育，是一位深受旧式文化影响的女性，她自卑，表面温柔贤惠，实则工于心计。从语言特征上来说，孙柔嘉婚前婚后呈现出两种极端，是该小说中人物特征最鲜明的一位。

6 结论

本文通过质性研究方法对20世纪40年代的中国女性语言特征进行分析，分别从话题、言语表达及言语个体性三个方面对《围城》中四位性格分明的女性语言进行分析。研究发现,她们的语言在话题上,多以情感类和生活类为主;在言语表达上,多有夸张意味的形容词、副词、模糊语、附加疑问句等。此外,在言语个体性上,四位女性表现出各自鲜明的语言特征——鲍小姐直言不讳,流露出自身的情感和态度;苏文纨语气舒缓,说话内容布局上具有严谨性;唐晓芙语气肯定,简洁有力;孙柔嘉虽然比较委婉含蓄,但具有针对性。这些女性语言特征的呈现与其家庭背景、受教育程度、社会及文化因素有关。笔者通过分析,能从语言特征明显的四位女性中看到其背后的社会及文化因素,对这一时期的中国女性也会有更多的了解。总的来说,本研究对了解中国女性的语言特征及其语言特征所暗含的文化、社会背景有一定意义。

参 考 文 献

[1] Babic J B, Dancetovic N. Women's language in literary discourse: The focus on modality[J]. Basstina, 2020(51):125-142.

[2] Jespersen O. Language: Its Nature, development and origin[M]. London: Allen and Unwin, 1922.

[3] Leech G. Principles of pragmatics [M]. New York: Longman, 1983.

[4] Lakoff R. Talking power: The politics of language in our lives[M]. New York: Basic Books, 1990.

[5] Nikolić M, Babic J B. Social implications of women's language in media discourse[J]. Socioloski Preglad, 2019, 53(4):1388-1416.

[6] Rahadiyanti I. Women language features in Tennessee Williams' A Streetcar Named Desire[J]. Vivid: Journal of Language and Literature, 2020, 9(2):86-92.

[7] Sanjaya Y, Budiarsa M, Sudana I G P. The Women's language features in moana movie[J]. Humanis, 2018, 22(3):792-795.

[8] Zhu Liwei. Woman language: Features and historic change[J]. Journal of Language Teaching and Research, 2019, 10(1):161-171.

[9] 蔡晓斌,李新. 中国女性言语风格探微[J]. 华北电力大学学报(社会科学版),2006(1):114-117.

[10] 曹佳. 从合作原则的角度分析《劝导》中的女性语言特色[J]. 四川教育学院学报,2010,26(3):71-73.

[11] 杜艳洁. 礼貌原则视角下的女性语言表达特点研究[D]. 上海:上海外国语大学,2017.

[12] 冯圆媛.礼貌原则视角下女性委婉的使用——以《倾城之恋》为例[J].青年文学家,2020(17):26-27.

[13] 谷晓琳.社会语言学视角下的两性语言之间的差异性研究:基于《摩登家庭》分析[D].西安:西北大学,2013.

[14] 胡伟,楚军.性别语言在《京华烟云》中的礼貌原则分析[J].青年文学家,2009(8):32-33.

[15] 胡伟,范晨辉.《我爱我家》中女性语言对合作原则的违反[J].北方文学(下半月),2012(7):105-106.

[16] 胡壮麟.语言学教程[M].北京:北京大学出版社,2013.

[17] 惠悦.现代美国女性语言特点研究[D].西安:西安工业大学,2015.

[18] 李频.从"围城"的符号意义看《围城》的主题思想[J].河南大学学报(哲学社会科学版),1988(5):31-34.

[19] 苗蕨.现代女性语言中合作原则探究——以电视剧《绝望主妇》为例[J].山西师大学报(社会科学版),2012(S2):89-91.

[20] 钱钟书.围城[M].北京:人民文学出版社,2003.

[21] 晓玥.中国女性语言的风格特点及其文化内涵[D].黑龙江:哈尔滨师范大学,2011.

[22] 张璟.从礼貌原则角度分析《欲望都市》中女性语言表达特色[J].文学教育(下),2016(1):48-49.

通信地址: 430074 华中科技大学外国语学院
孙云梅(sunyunmei@hust.edu.cn)
夏钲鹃(1142246099@qq.com)

中美政治语篇中概念隐喻的对比分析

华中科技大学外国语学院　李　婷

摘　要：运用概念隐喻来构建政治语篇，使用具体和为人熟知的概念来帮助大众理解抽象的政治概念，是隐喻在政治语篇中大量使用的重要原因。本文基于Lakoff与Johnson的概念隐喻理论，对2020年中国《政府工作报告》和美国《国情咨文》中涉及的概念隐喻表达进行梳理和对比分析，发现两者既具有共性，包括旅行、战争、建筑、有机体、机器和方位隐喻，也有各自的特殊性，如中文语篇中的圆圈隐喻和英文语篇中的宗教隐喻。其中，概念隐喻的共性反映了人类对始源域共同的身体体验，而独特性则反映了中美两国的社会文化和意识形态差异。

关键词：概念隐喻；政治语篇；对比分析

A Comparative Analysis of Conceptual Metaphors in Chinese and American Political Discourse

Abstract: Using metaphors to construct political discourse can help the public understand abstract political concepts by presenting them with specific and familiar concepts, which is an important reason for the extensive use of metaphors in political discourse. Based on Lakoff and Johnson's conceptual metaphor theory, this paper sorts out and compares the expressions of conceptual metaphors in *Report on the Work of the Government* and the *State of the Union Address* in 2020. It is found that both materials not only have similar metaphors, including travel, war, construction, organism, machine and orientation, but also have their unique metaphors, such as circle metaphor in Chinese discourse and religious metaphor in English discourse. The similarities of conceptual metaphor reflect human's common bodily experience of the source domain, while the unique metaphors reflect the social, cultural and ideological differences between China and the United States.

Key words: conceptual metaphor; political discourse; comparative analysis

1　引言

Lakoff和Johnson(1980)以体验哲学为基础，提出了概念隐喻理论，他们认为隐喻不仅是一种修辞，还是一种普遍的认知机制和思维方式，它存在于人类生活的各个方面——

政治、经济、科技、文化、宗教等,我们赖以生存和思维的概念系统从本质上讲也是隐喻性的。这一认识对政治语篇的研究具有重要意义。政治无处不在,如果我们的社会经验以及概念化是通过隐喻组织的,那么,作为社会域的重要组成部分——政治,就必须通过隐喻来观察和构建(贺梦依,2011)。Lakoff 和 Johnson 也提到,隐喻在构建社会现实和政治现实中起着重要作用。

《政府工作报告》总结了中国政府每年的工作情况、当前的工作任务、政府建设以及外交和国际形势。《国情咨文》作为美国政府的施政纲领,主要阐明了美国总统每年面临的国内外情况,以及政府将要采取的政策措施。政治话语中的概念隐喻能够向读者表达和传递思想,潜移默化地影响和说服听众。因此,研究政治语篇中的概念隐喻极为必要。

2 概念隐喻理论

1980 年,Lakoff 和 Johnson 在《我们赖以生存的隐喻》一书中提出了概念隐喻理论。他们认为隐喻不仅是一种语言修辞现象,而且是人类赖以生存的思维方式,是一种认知世界的方式。

书中介绍,概念隐喻的工作机制是由一个具体的概念域向一个抽象的概念域的系统映射。从本质上来说,隐喻是人类在自身体验的基础上,用熟悉或具体的事物来理解陌生或抽象的事物。一般而言,始源域是人们熟知的具体概念,而目标域则是较为抽象的概念。Lakoff 和 Johnson(1980)认为,人的基本认知方式就是通过经验基础把始源域的结构映射到目标域上,从而在两个不同的认知域之间建立联系,实现对隐喻语言的认知。概念隐喻主要有三种形式:本体隐喻、方位隐喻和结构隐喻。本体隐喻是借助对实体或物质的经验去理解抽象未知的概念,方位隐喻是用表示具体方位的概念来投射到其他认知域的概念,结构隐喻是通过一个概念的结构来构建另一个概念。

语言学界对政治语篇中概念隐喻的研究层出不穷,国内学者黄秋林和吴本虎(2009)对 1978—2007 年这 30 年间的《人民日报》两会社论中的概念隐喻进行了历时分析,发现改革开放以来,政府对于旅行、建筑和植物隐喻的使用基本稳定,对于战争、航海以及家庭隐喻的使用则发生了不同程度的变化。汪少华(2011)根据 Lakoff 的架构理论分别对布什和奥巴马的两篇政治演讲进行了隐喻学分析,发现了不同的架构和概念隐喻反映并强化各自隐含的价值观。这些研究不论是共时或是历时,主要集中在探讨政治新闻或演讲语篇中的概念隐喻建构、具体使用和分布,以及政党的认知模式等方面。黄莹等(2019)对比分析了 2017 年中国《政府工作报告》和美国《国情咨文》,发现两种语料中均有大量的概念隐喻,阐明了概念隐喻在这两种政治语篇中的共性与特殊性,揭示了其背后凸显的社会文化等方面的不同。

笔者同样选择对比分析中国《政府工作报告》与美国《国情咨文》中概念隐喻的使用分布、共性和特殊性及其深层文化内涵。这两个政治语篇都有届时政府对旧年工作的回顾和来年发展的展望,都传达了政府对国家和国际事务的态度和想法,具有较大的可比性。不过,本文选取2020年发表的这两份文件为语料进行隐喻对比分析研究,并借助Charteris-Black(2004)所提出的隐喻识别方法确定隐喻词汇,利用语料库软件AntConc3.5.8对两篇文本的各类隐喻词汇进行频数提取,最后将各类频数进行统计。此外,针对黄莹等人研究中对于中美两国政治语篇的隐喻丰富性和使用差异性对比的空缺,笔者进行了补充。政府会随着形势的发展而改变各类概念隐喻的构成及其使用形态(黄秋林,吴本虎,2009),由于2019年是特朗普政府上台执政的第三个年头,其针对美国社会发展的各个方面实施了很多新的决策。中美两国关系的变化发展呈现出十分复杂的局面,贸易战、舆论战持续不断;2020年初,突如其来的新冠肺炎疫情也对两国形势产生了极大的影响。在此背景下,2020年中国《政府工作报告》和美国《国情咨文》具有较大的政治语篇对比研究价值。

3　中美政治语篇中概念隐喻对比分析

结合概念隐喻特征,笔者对2020年度中国《政府工作报告》和美国《国情咨文》的文本(语料均来自两国政府官方网站)进行了隐喻识别和概念隐喻的提取,共总结了7种不同的隐喻类型(不含"其他"),隐喻表达出现的数量以及比例,详见表1。

表1　中美政治语篇中隐喻的使用情况

《政府工作报告》			《国情咨文》		
概念隐喻类型	隐喻表达数量	比例	概念隐喻类型	隐喻表达数量	比例
旅行	57	12.9%	旅行	43	14.8%
战争	71	16.1%	战争	40	13.7%
建筑	51	11.6%	建筑	22	7.6%
有机体	77	17.5%	有机体	58	19.9%
机器	65	14.7%	机器	18	6.2%
方位	29	6.6%	方位	45	15.5%
圆圈	24	5.4%	宗教	22	7.6%
其他	67	15.2%	其他	43	14.7%
合计	441	100%	合计	291	100%

从表1可以看出,中美政治语篇中有6种相同的隐喻类型,包括旅行隐喻、战争隐喻、建筑隐喻、有机体隐喻、机器隐喻和方位隐喻,也有各自独特的隐喻类型,分别为圆圈隐喻、宗教隐喻。此外,在两国政治语篇中,《政府工作报告》大篇幅地使用概念隐喻,隐喻丰富性更强。同时,两国的隐喻使用也存在共性和差异。有机体隐喻在《政府工作报告》和《国情咨文》中均是出现频率最高的隐喻,分别达到了17.5%和19.9%;方位隐喻在《国情咨文》的使用率也相对较高,占15.5%,而在《政府工作报告》中却只有6.6%;机器隐喻在《国情咨文》的使用率相对较低,占6.2%,而在《政府工作报告》中却占14.7%。

3.1 中美政治语篇中概念隐喻的共同性

1) 旅行隐喻

旅行隐喻的基本形式是"国家的发展是旅行(A Country's Development Is a Journey)"。人们沿着一条路从起始点出发到达目的地。在整个旅程中,有旅行者、导游、出发点、目的地、路线、路标、交通工具等要素,在旅行中我们可能还会遇到曲折的路况。国家的发展也不是轻而易举的,需要设定目标和方向,在实现目标(到达目的地)的过程中,可能会遭遇困难与挫折,国家需要采取措施为发展提供驱动力。

表2中列举的旅行隐喻表达示例,有助于更清楚地理解《政府工作报告》和《国情咨文》中涉及相关隐喻表达的以下文本。

(1)改革开放迈出重要步伐。供给侧结构性改革继续深化,重要领域改革取得新突破。

(2)高举中国特色社会主义伟大旗帜,以习近平新时代中国特色社会主义思想为指导,迎难而上,锐意进取,统筹推进疫情防控和经济社会发展,努力完成全年目标任务。

(3)今年要编制好"十四五"规划,为开启第二个百年奋斗目标新征程擘画蓝图。

(4)The next step forward in building an inclusive society is making sure that every young American gets a great education and the opportunity to achieve the American Dream.

(5)We are moving forward at a pace that was unimaginable just a short time ago, and we are never ever going back.

(6)Our brightest discoveries are not yet known. Our most thrilling stories are not yet told. Our grandest journeys are not yet made. The American Age, the American Epic, the American Adventure, has only just begun!

表 2 中美政治语篇中的隐喻表达一览表——旅行隐喻

概念隐喻类型	报告名称	隐喻关键词
旅行隐喻	《政府工作报告》	迈出、步伐、挑战、进一步、旗帜、前行、风雨同舟、同舟共济、迈向、导向、指引、带头、迎难而上、艰难险阻、征程、目标、带领、道路、方针
	《国情咨文》	gone, move, forward, step, pace, back, go, advance, spearhead, landmark, vision, goal, direction, road, explore, discovery, journey, adventure

在本文选取的两篇语料中,旅行隐喻占比都较大。首先,随着经济社会发展,"旅行"这一概念域已经为人们所熟知,因此人们很容易理解"国家发展"的概念域;其次,旅行隐喻能够很好地服务于说话者的政治需求,为国家发展指明方向,激励民众朝着共同的方向前进(黄莹 等,2019)。《政府工作报告》中旅行隐喻的大量使用不仅为人民前行指明道路,提醒人们要紧跟党的步伐,走好改革建设的每一步,还鼓励人们勇敢地克服道路上的困难,为了共同目标而坚持和努力。不过,《国情咨文》中的旅行概念与中国不太相同,美国是一个移民国家,历史上曾有多次移民的大潮,所以,对于美国人来说,旅行更像是探索和冒险,这样旅行式的体验更能让人体会到国家发展过程的艰辛,也符合美利坚民族乐于冒险、勇于创新的性格。

2)战争隐喻

战争隐喻的基本形式是"发展国家是进行战争(Developing A Country Is to War)"。Howe(1988)提到,政治隐喻中有两类特别经典的隐喻,一种是体育隐喻,另一种就是战争隐喻。一方面,国家与国家之间的竞争发展关系瞬息万变,正如战场中没有永远的盟友,也没有永远的敌人;另一方面,国家内部经济、政治、社会的发展从来都不是一帆风顺的,人民此时就是战士,在政府的指挥部署下与发展中出现的各种困难进行斗争,采取相应的行动。

表 3 中列举的战争隐喻表达示例,有助于我们更清楚地理解《政府工作报告》和《国情咨文》中涉及相关隐喻表达的以下文本。

(1)要打好蓝天、碧水、净土保卫战,实现污染防治攻坚战阶段性目标。

(2)新冠肺炎疫情发生后,党中央将疫情防控作为头等大事来抓,习近平总书记亲自指挥、亲自部署,坚持把人民生命安全和身体健康放在第一位。

(3)去年以来,国防和军队建设取得重要进展,人民军队在疫情防控中展示了听党指挥、闻令而动、勇挑重担的优良作风。要深入贯彻习近平强军思想,深入贯彻新时代军事战略方针。

(4) America's enemies are on the run. America's fortunes are on the rise.

(5) We are also finally getting our allies to help pay their fair share.

(6) Members of Congress, we must never forget the only victories that matter in Washington are victories that deliver for the American people.

表3 中美政治语篇中的隐喻表达一览表——战争隐喻

概念隐喻类型	报告名称	隐喻关键词
战争隐喻	《政府工作报告》	攻坚战、决胜、打赢、动荡、战略、守住、奋战、突破、闻令而动、指战员、决战、驰援、支援、指挥、攻关、部署、人民战争、总体战、阻击战、保卫战、胜利、一线、底线、攻坚、统筹、任务
	《国情咨文》	enemy, defend, protect, mission, guard, safeguard, allies, victory, rescue, destroy, beat, fight, threat, battle, frontier, combat, vanquish

战争概念是非常普遍的,世界上所有的民族几乎都经历过战争,中国与美国的历史中也不乏战争,所以说这些丰富的战争经历,塑造了人们的思维和认知方式。新中国成立前后曾经历数次战争,领导人大多出身军旅,习惯用战争术语部署和平时期的各项工作,普通民众也随之适应"大会战""攻坚战""保卫战""经济战线"等说法(杨洋,董方峰,2017)。《政府工作报告》中在民生和生态方面使用战争隐喻,是在鼓励民众凝聚力量,鼓起勇气,努力对抗发展中遇到的困难。在当代美国历史上,政治家们就先后用战争隐喻对美国社会、经济或政治等方面的危机进行过比喻,它使人们对国家事务有更深的了解和危机感,同时也使政府的某些政策合理化(陈勇,刘肇云,2009)。在《国情咨文》中,使用战争隐喻的内容主要包括两个方面:一是将影响美国发展的国家看作敌人,把追随美国发展的国家看作盟友;二是将人们对美国梦的追寻看作一场战争,人们需要不断奋斗、抗争以获得自由和更好生活。

此外,《政府工作报告》中出现的战争隐喻表达比《国情咨文》相对要多,这是由于新冠肺炎疫情的出现,中国政府通过战争隐喻表达来鼓舞士气,激发民众团结一致、共同抗疫的情绪。

3) 建筑隐喻

建筑隐喻的基本形式是"国家是大厦(A Country Is a Building)"。大厦的建设需要打好基础,一砖一瓦建起来,国家的发展也是如此。在国家发展中,经济建设通常被认为是基础和支柱,政治则是上层建筑。大厦建设前有蓝图,国家的建设也需要发展规划,而此时政府就是蓝图的设计者,人民则扮演着建设者的角色,除此之外,大厦建设中出现的问题(比如结构不稳)则需要政府出台措施进行巩固和及时补损。

表4中列举的建筑隐喻表达示例,有助于我们更清楚地理解《政府工作报告》和《国情咨文》中涉及相关隐喻表达的以下文本。

(1)努力完成全年目标任务,为把我国建设成为富强、民主、文明、和谐、美丽的社会主义现代化强国、实现中华民族伟大复兴的中国梦不懈奋斗!

(2)确保剩余贫困人口全部脱贫,健全和执行好返贫人口监测帮扶机制,巩固脱贫成果。

(3)要看到,无论是保住就业民生、实现脱贫目标,还是防范化解风险,都要有经济增长支撑,稳定经济运行事关全局。

(4) The vision I will lay out this evening demonstrates how we are building the world's most prosperous and inclusive society.

(5) We settled the new world, we built the modern world, and we changed history forever by embracing the eternal truth that everyone is made equal by the hand of Almighty God.

表4 中美政治语篇中的隐喻表达一览表——建筑隐喻

概念隐喻类型	报告名称	隐喻关键词
建筑隐喻	《政府工作报告》	建设、巩固、构建、夯实、基础、支撑、共建、建成、结构、扎实、打造、蓝图
	《国情咨文》	build, rebuild, settle, restore

政治家运用建筑隐喻论述国家发展战略,暗示某种有价值的社会目标的发展(张蕾,2018)。《政府工作报告》多次使用建筑隐喻表达了中国在经济、政治、文化和安全等方面的建设任务和奋斗目标,中国人民作为建设者,中国政府作为建筑师,两者合力投入国家发展的宏伟蓝图中,实现国家建设的大工程。《政府工作报告》还经常提到"基础"和"支撑",这是保证建筑稳定不倒的关键,通常指称经济建设。此外,建筑成果不稳或是受腐蚀时,则需要人民克服困难,巩固"基石"。《国情咨文》虽然也用到了建筑隐喻,但使用率相对较低,且其主语大多是"we",代表特朗普及执政党,从这个角度来看,带有个人英雄主义的色彩。

4)有机体隐喻

有机体是具有生命的个体的统称,包括人类和动植物。有机体隐喻的基本形式是"国家是有机体(A Country Is an Organism)",即"国家是人/动植物(A Country Is A Person/ Plant/ Animal)"。有机体在生长的过程中出现的各种情况,比如出生、长大、健康、结果、衰弱、枯萎、死亡等要素,都可以映射到国家这一概念域中。

表 5 中列举的建筑隐喻表达示例,有助于我们更清楚地理解《政府工作报告》和《国情咨文》中涉及相关隐喻表达的以下文本。

(1)中国特色大国外交成果丰硕。

(2)支持社会组织、人道救助、志愿服务、慈善事业等健康发展。

(3)在疫情防控中,公共卫生应急管理等方面暴露出不少薄弱环节,群众还有一些意见和建议应予重视。

(4)Jobs are booming. Incomes are soaring. Confidence is surging.

(5)I say to the people of our great country and to the members of Congress: the state of our union is stronger than ever before.

(6)As the world bears witness tonight, America is a land of heroes. This is the place where greatness is born.

表 5 中美政治语篇中的隐喻表达一览表——有机体隐喻

概念隐喻类型	报告名称	隐喻关键词
有机体隐喻	《政府工作报告》	活力、繁荣、成果、丰硕、萎缩、健全、头等、恢复、立足、培育、共生共荣、抓紧、抓实、抓细、抓好、壮大、健康、稳健、薄弱、结果
	《国情咨文》	boom, surge, decay, recovery, depletion, flourish, strong, revive, witness, roar, branch, heart, heading, hand, born, come to life, young

有机体隐喻在中美政治语篇中均是出现频率最高的隐喻。这一隐喻对于人们来说不会陌生。首先,Lakoff 和 Johnson(1980)将人隐喻归类为本体隐喻,它帮助人们在物理经验的基础上理解世界上的各种现象,包含与器官、身体运动和身体状况相关的始源域,因此这些概念域要素投射到国家发展中很好理解。其次,Charteris-Black(2004)认为"植物隐喻是用来强调社会机构的",它通常会与繁荣、成长和收获等赞许性词语相联系而形成一种积极的内涵,因此经常被政治家广泛采用。《政府工作报告》示例中人身体状态的"健康"和"薄弱"反映出国家各领域事业发展的状况,能够唤起民众对国家内部发展的重视。而"成果"则反映出国家和人民因政府在外交事业中所做出的努力而有了收获,激起人民内心的自豪感。《国情咨文》示例中,政府通过有机体隐喻表达工作岗位的"繁荣"(boom、flourish),国家的"强大"(strong),表明国家在执政党领导下越来越强盛,以此唤起民众的支持和爱国情绪。

5)机器隐喻

机器隐喻的基本形式是"国家是机器"(A Country Is a Machine)。机器的运转如同国家的发展,机器运行的动能则是国家发展中不同的领域比如政治、经济、外交、军事、民生等的发展。机器正常运转和工作需要动力,遇到问题需要系统升级和优化,国家的发展也是如此。

表6中列举的机器隐喻表达示例,有助于我们更清楚地理解《政府工作报告》和《国情咨文》中涉及相关隐喻表达的以下文本。

(1)发展新动能不断增强。科技创新取得一批重大成果。

(2)经济运行总体平稳。国内生产总值达到99.1万亿元,增长6.1%。

(3)推动制造业升级和新兴产业发展。

(4)This is the first time that these deserving communities have seen anything like this. It is all working.

(5)The USMCA will create nearly 100,000 new high-paying American auto jobs, and massively boost exports for our farmers, ranchers, and factory workers.

(6)We must be determined and creative in order to stabilize the region and give millions of young people a chance to realize a better future.

表6 中美政治语篇中的隐喻表达一览表——机器隐喻

概念隐喻类型	报告名称	隐喻关键词
机器隐喻	《政府工作报告》	推动、带动、增速、潜能、运转、动能、拉动、启动、动力、升级、运行、优化、调整、系统、机制、平稳
	《国情咨文》	power, work, boost, system, stabilize

机器隐喻在政治话语中的运用比较常见。工业革命之后,机器概念对于人们来说再熟悉不过。国家在经济、政治、教育等方面的协调发展正是机器中各种零部件的协作运转。中美政治语篇中都有通过"推动""运转""稳定"等机器隐喻表达来说明国家在科技、经济、地区安全等方面的发展和稳定。这一隐喻在《政府工作报告》中的占比远高于《国情咨文》,这可能是因为中国这一年的发展变化巨大,各个产业和领域都在不断变革,更契合机器隐喻的使用环境。

6)方位隐喻

方位隐喻是指参照方位而形成的一系列隐喻概念,它是组织一个互相关联概念的完整系统。空间方位来自我们的身体以及它们在物理环境中所发挥的作用,是人们赖以生存的最基本的概念(Lakoff,Johnson,1980)。通常来说,更多为"上",更少为"下"。

表7中列举的方位隐喻表达示例,有助于我们更清楚地理解《政府工作报告》和《国情咨文》中涉及相关隐喻表达的以下文本。

(1)世界经济增长低迷,国际经贸摩擦加剧,国内经济下行压力加大。

(2)加快落实区域发展战略。

(3) 推动消费回升。

(4) America's fortunes are on the rise.

(5) The veteran unemployment rate dropped to a record low.

(6) Under the last administration, more than 10 million people were added to the food stamp rolls.

表7 中美政治语篇中的隐喻表达一览表——方位隐喻

概念隐喻类型	报告名称	隐喻关键词
方位隐喻	《政府工作报告》	落实、提升、下降、回升、下滑、下行、下调、向上、深入
	《国情咨文》	fall, rise, downsizing, down, low, drop, top, up, raise, under, high, out

如前所述,空间方位是人们生活中基本的概念之一,所以方位隐喻在政治语篇中也就屡见不鲜了。相对来说,《国情咨文》中方位隐喻表达的比例明显高于《政府工作报告》,笔者认为这可能是由于英语中表示空间方位的词语较多且使用灵活,并且相较于《政府工作报告》来说,《国情咨文》的话语特征没有那么正式,偏向口语化,方位隐喻的表达也较多。

3.2 中美政治语篇中概念隐喻的独特性

1) 圆圈隐喻

圆圈隐喻是中文政治语篇中所独有的概念隐喻,它可以概括为"国家发展是一个圆(A Country's Development Is a Circle)"。在国家发展过程中,一些重要政策和党的指导思想是人民必须支持和关注的中心。因此,始源域中的隐喻关键词主要包括"中央""核心""团结"和"围绕"等词汇。例如,"我们要更加紧密地团结在以习近平同志为核心的党中央周围","围绕保障和改善民生,推动社会事业改革发展"。

圆圈隐喻是中国《政府工作报告》中一种典型的概念隐喻,但在美国《国情咨文》中却几乎从未出现过。在中国的政治体制中,中国共产党在政治改革过程中始终处于主导地位。中心是一个圆圈中最重要的一点,就像中国共产党是社会主义发展的重要组成部分一样。社会各阶层要紧密团结在党的周围,支持党的方针政策。圆圈隐喻可以鼓励人们为了共同的目标而齐心协力、团结一致。此外,从历史文化角度来看,"圆"文化根植于中国人的思想里。天圆地方是中国传统文化思想,有圆有方,以圆为范,规矩成方圆,"圆"在中国人眼里象征着统一、和谐、完整和圆满。以至于从思维方式看,中国传统文化的最大特征可以用一个圆圈来表示(刘长林,1988)。因此,圆圈隐喻的概念在中文政治语篇中比较典型。而美国自工业革命后,整个社会在经济、政治和文化等方面出现了一系列矛盾冲突,这些冲突在美国政治体制中的体现则是两党制的形成,两党制更注重制衡而不是统一,这也是在美国的政治话语中很难找到圆圈隐喻的原因。

2）宗教隐喻

宗教隐喻与美国文化密切相关。在美国,绝大多数人有宗教信仰。宗教隐喻的基本形式可以概括为"民族发展是宗教信仰(National Development Is Religious Belief)"。美国人民的共同信念是使美国发展成为一个平等、自由、民主的国家。这个始源域的隐喻关键词主要包含"promise""destiny""faith""renew""God"等词语,示例如下。

(1) One of the biggest promises I made to the American people was to replace the disastrous NAFTA trade deal.

(2) We changed history forever by embracing the eternal truth that everyone is made equal by the hand of Almighty God.

(3) Our borders are secure, our families are flourishing, our values are renewed, our pride is restored.

美国是一个典型的宗教国家。宗教以不同的方式渗透到美国社会,包括文学作品、建筑风格和政治制度。这说明宗教对美国文化和价值观的形成有着深刻的影响。为了说服美国人民支持国家发展的政治原则,政府通过宗教隐喻的表达来缩小政治与美国人民之间的距离,通过"许诺""信仰"和"命运"等表达,召唤人们为创造一个平等、自由、民主的美国而努力奋斗。

4　结语

通过人们熟悉的概念将抽象的政治话语呈现出来,概念隐喻使得人们能够更好地理解政治语篇,了解国家的发展状况和政府的方针政策。同时,概念隐喻的恰当运用拉近了政府与民众之间的距离,激发了人们参与国家建设的热情和信心。本文对中美政治语篇中的概念隐喻进行了对比分析,发现两者既具有共性,出现了6种相同的隐喻类型,这反映出人类对始源域共同的身体体验;两者也有各自的特殊性,如中文语篇中的圆圈隐喻和英文语篇中的宗教隐喻,这反映了中美两国的社会文化差异。笔者通过概念隐喻理论对中美政治语篇进行对比研究,不仅可以帮助人们了解两国政治语言背后隐藏的执政理念与社会文化,而且对于我国的外交传播等方面也具有一定的参考意义。

参 考 文 献

[1] Charteris-Black J. 2004. Corpus approaches to critical metaphor analysis[M]. Basingstoke: Palgrave Macmillan Press.

［2］Lakoff G，Johnson M. 1980. Metaphors we live by［M］. Chicago：University of Chicago Press.

［3］Howe N. 1988. Metaphor in contemporary American political discourse［J］. Metaphor and Symbolic Activity，3(2)：87-104.

［4］陈勇，刘肇云. 2009. 隐喻政治与政治隐喻：论美国政治家的政治隐喻［J］. 外语教学，30(1)：25-29.

［5］贺梦依. 2011. 概念隐喻与政治的关系识解［J］. 外国语文，27(3)：48-52.

［6］黄秋林，吴本虎. 2009. 政治隐喻的历时分析——基于《人民日报》(1978—2007)两会社论的研究［J］. 语言教学与研究，(5)：91-96.

［7］黄莹，沈家怿，蒋雯燕. 2019. 中美政治语篇中的概念隐喻对比分析［J］. 海军工程大学学报(综合版). 16(3)：75-80.

［8］刘长林. 1988. 圜道观与中国思维［J］. 哲学动态，(1)：16-20.

［9］汪少华. 2011. 美国政治语篇的隐喻学分析——以布什和奥巴马的演讲为例［J］. 外语与外语教学，(4)：53-56.

［10］杨洋，董方峰. 2017. 当代中国媒体话语中的战争隐喻现象研究［J］. 外国语文研究，3(2)：2-11.

［11］张蕾. 2018. 政治话语中建筑隐喻的未来建构［J］. 天津外国语大学学报，(4)：56-65.

通信地址：430074　华中科技大学外国语学院
　　　　　　李　婷(814886256@qq.com)

及物性视角下中国国家形象研究
——以后疫情时代《中国日报》"一带一路"报道标题为例

扬州大学外国语学院　朱　慧

摘　要：本文以系统功能语言学及物性系统理论为框架，借助 UAM Corpus Tool，通过及物性过程研究，分析中国主流媒体《中国日报》在后疫情时代"一带一路"相关报道标题中建构的中国国家形象，并进一步探究其话语动因。研究发现，报道主要通过物质、言语、心理、关系过程等表现手段，表达了中国合作共赢、引领发展、坚守原则的理念，解构并重塑了中国国家形象。

关键词：中国国家形象；及物性系统；《中国日报》；后疫情时代；"一带一路"

The National Image of China from the Perspective of Transitivity: A Case Study of News Headlines in *China Daily* during the Post-pandemic Era

Abstract: With the help of UAM Corpus Tool, the paper analyzes headlines of reports about China in China's mainstream media *China Daily* during the post-pandemic era from the perspective of transitivity system. It aims to interpret the national image of China and further probes into the discourse motivation behind it. These reports mainly convey that China upholds win-win cooperation, leading development and sticking to principles, and then deconstruct and reconstruct China's national image through the material process, verbal process, mental process and relational process.

Key words: China's national image; transitivity system; *China Daily*; post-pandemic era; Belt and Road Initiative

1　引言

自 2013 年"一带一路"倡议提出以来，我国已与沿线一百多个国家建立友好合作关系。"一带一路"为世界各国提供了新机遇，已经成为推动区域合作、构建人类命运共同体的重要平台。同时，"一带一路"也为国家形象建构提供了新路径。但随着新冠肺炎疫情的暴发，百年未有之大变局的深入，加之贸易保护主义的盛行等多重因素叠加，全球经济增长呈放缓态势，"一带一路"合作项目也受到冲击。在后疫情时代，对外传播呈现出更具信息敏感性、危机传播及风险传播的比例升高、污名与谣言传播数量增多、以信任与共情传播为基础的互通机制匮乏等特点(沈悦,2022)。部分国家对"一带一路"的错误知觉、负面的认知和地缘政治解读给"一带一路"的建设平添了许多杂音(王金波,2022)。鉴于此,向世界展示真实全面的中国国家形象具有重要的现实意义。

媒体对国家形象的塑造包含自塑、他塑和合塑这三种形式,即本国媒体、外国媒体、本国媒体和国际媒体视角下构建的国家形象。其中,自塑是考察本国形象的重要窗口,对本国形象建构尤为重要,因为本国媒体对事件真实状况的了解更为深入,而外国媒体对他国文化传统、历史根基、整体发展态势等了解较为片面,难以形成全面的报道。已有研究对中国国家形象的塑造与传播进行了深入挖掘,但鲜有研究者从语法层面切入来研究中国国家形象建构过程。因此,本研究着重以系统功能语言学的及物性系统理论为框架,借助语料库标注软件 UAM Corpus Tool,对中国主流媒体《中国日报》后疫情时代的"一带一路"报道标题进行整理,并结合定量、定性方法进行分析,来研究中国官方媒体在外宣话语中构建的中国国家形象,并探究其话语动因。

2 文献综述

2.1 及物性系统

20 世纪 50 年代,Halliday(2014)创立了系统功能语言学,提出语言具有概念、人际和语篇三大元功能。概念功能强调语言可用以对外部世界进行评价,对人们的内心世界进行表示(Thompson,2008),由及物性系统这一语法系统实现。不同于传统语法根据动词后是否跟宾语来区分是否及物,Halliday 将及物性概念提升到了小句层次(何伟,魏榕,2016),认为及物性将经验通过语法进行范畴化,涉及整个小句的内容,涵盖过程、过程中的参与者以及与之相关的环境成分(Halliday,1966)。具体来说,及物性系统通过一组可以操作的过程类别来识解经验世界(Halliday,2010),包括六种过程:物质过程、心理过程、关系过程、行为过程、言语过程和存在过程。物质过程表示"做"的过程,是对外部经验世界的客观存在或行为举止的表述;心理过程表示"知"的过程,是对内部经验世界的感知描述;关系过程表示"是"的过程,介于内部与外部世界之间,用以说明事物间的关系,起识别、归属的作用。这三种过程在及物性系统中起主要作用,这些主要过程分别结合又产生了一个次要过程。行为过程是生理、心理意识的外化,介于物质过程和心理过程之间;言语过程是关于言说的过程,是意识的外显,介于心理过程和关系过程之间;存在过程表示某物的存在或发生的变化,介于关系过程和物质过程之间。这六种过程间的相互关系如图 1 所示。

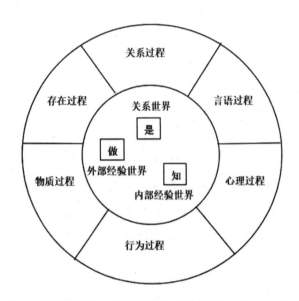

图 1　及物性系统中六种过程的相互关系（Halliday，2010）

一个小句归属于哪一种及物性过程,主要取决于动词,依据动词的语义内涵基本上可以确定小句的类型,而小句的类型包含其特有的参与者(Thompson,2008)。物质过程的主要参与者是动作者和目标,动作者即小句的逻辑主语,也是行为的实施者(例1);心理过程涵盖认知、感情、直觉三个次类,其主要参与者是感知者、现象(例2);关系过程包含归属、识别两种类型,前者指实体所具有的属性或归属的类型,后者识别两个实体的属性,两种类型又各自可进一步分为内包式、所有式和环境式三种,关系过程的主要参与者是载体、属性(例3);行为过程的主要参与者是行为者(例4);言语过程的主要参与者是讲话者、讲话内容、受话者(例5);存在过程的主要参与者是存在物(例6)。

例 1　Jack and Jill went up the hill to fetch a pail of water.（Halliday,2010）

Jack and Jill	went	up the hill	to fetch	a pail of water.
动作者	物质过程	环境	物质过程	目标

例 2　I know I believe you.（Halliday,2010）

I	know	I	believe	you.
感知者	心理过程	感知者	心理过程	现象

例 3　The minister didn't seem sure of himself.（Halliday,2010）

The minister	didn't seem	sure of himself.
载体	关系过程	属性

例4　What are you crying about?（Halliday,2010）

What	are	you	crying	about?
内容	行为过程	行为者	行为过程	内容

例5　Describe to the court the scene of the accident.（Halliday,2010）

Describe	to the court	the scene of the accident.
言语过程	受话者	讲话内容

例6　On the wall there hangs a picture.（Halliday,2010）

On the wall there	hangs	a picture.
环境	存在过程	存在物

由上述六种不同过程的及物性小句可见,参与者主要通过名词词组体现;过程主要由动词词组体现;环境主要通过表示时间、空间、原因、方式等的副词、介词词组体现(Halliday,2004)。环境不会直接影响小句的及物性结构,及物性结构主要由过程和参与者决定(Fawcett,2011)。

进行及物性分析旨在探究哪些社会、文化、意识形态及政治因素决定特定语篇中的过程类型选择(Mayr,2008)。由此,我们可以通过语言表征解读经验世界。近年来,国内外诸多学者将及物性理论科学落地,但主要研究视角、研究范围存在差异。国外学者多将及物性理论用于政治语篇分析,如总统演说、时事话语分析等(Gibreel,2017;Muhammad,Mubina,2019;Rajaa,2019);国内学者聚焦于小句结构分析(辛志英,单健,2019;曹竞,方称宇,2020)、译文对比分析(谭晓春,黄国文,2019)、生态话语分析(于晖,王丽萍,2020;夏蓉,徐珺,2020)等领域,很少有针对后疫情时代"一带一路"的话语分析。

2.2　国家形象

国家形象指国家的客观状态在公众舆论中的投影,也就是社会公众对国家的印象、看法、态度、评价的综合反映,是公众对国家所具有的情感和意志的总和(刘小燕,2002)。而客观状态的传递离不开传媒报道这一媒介,传媒构建起了客观存在和大众认知之间的桥梁,在国家形象建构中发挥了重要的中介作用。传媒虽力图保持新闻传递的公正客观性,但难免为新闻打上个体、集团意识形态烙印。特别是在国家利益、意识形态等多因素交织的作用下,西方主流媒体对华报道通常体现出不同程度的话语偏见。其投射出的中国国家形象也由此影响西方民众对中国国家形象的认知。换言之,国家形象即一个国家在国际新闻流动中所形成的形象,或指一国在他国新闻媒介的新闻和言论报道中所呈现的形象(徐小鸽,1996),这也是本文所要探讨的国家形象。

国家形象研究是新闻传播学、国际关系学等领域关注的焦点,现已取得了丰硕的研究成果。学者多从宏观层面,从历时性角度,采用框架分析、定量内容分析或理论建构的方法展开研究。近年来,国内语言学者推动了研究的"话语转向"(陈琳琳,2018)。研究多以社会文化分析为视角,依托Fairclough(1992)的话语分析三维框架,采用基于语料库的批评话语分析法。此外,不同于前者的是,后者结合了三大元功能、及物性分析、隐喻分析、搭配词、索引行等手段,采取定性、定量相结合的方法分析国家形象的构建过程(江潇潇,2017;梁婧玉,李德俊,2020;刘文宇,毛伟伟,2020),强调微观话语分析与宏观社会文化分析相结合,拓宽了研究新路径,使得国家形象研究在纵深维度上不断深化。

目前,少数学者,主要是传媒、国际关系学领域的学者,对后疫情时代"一带一路"对外传播治理框架和针对不同行业的发展路径进行了深入探讨。此类研究多从他塑视角下分析中国国家形象建构并提出有效应对国际舆论的建设性对策(吴明华,王丽帆,2021;张桢,庄严,2021)。但是,语言学领域对"一带一路"报道中中国国家形象的话语建构研究较为匮乏。现有研究多采取内容分析法,根据报道倾向性对议题进行分类并编码,总结媒体报道的立场和态度,如陈俊和王蕾(2020)以话语分析为工具,从议程设置、标题拟定、高频词汇、消息来源等维度深入探讨了构建国家形象的实践。此类研究多为对语篇特征的宏观描述,缺乏定量数据支撑,较少从语法层面切入。而语篇分析立足于语法(Halliday,Christian,2004),分析"一带一路"报道中构建的中国形象,有其必要性。

基于此,本研究以后疫情时代"一带一路"相关报道标题为语料,依托及物性分析理论框架,深入微观话语层面,同时定量定性分析国家形象的话语建构过程,并从宏观文化层面进行动因解释。

3 研究设计

3.1 语料选取

《中国日报》长期以来拥有良好的影响力和公信力,该刊是中国优质的新闻发布平台,以实时国内新闻、国际快讯等内容为契机向世界展示立体的中国,传达了中国媒体独特的认知视角及评价态度。标题是对新闻主旨的高度凝练,反映了新闻的主要事实及报道者的观察视角。基于此,本研究以后疫情时代中国主流媒体《中国日报》"一带一路"报道标题为语料考察其及物性分布特征,探究媒体如何通过及物性结构的配置构建中国国家形象。

本研究依托《中国日报》官网(www.chinadaily.com.cn)检索系统,以"Belt and Road"("一带一路")为关键词检索了 2020 年 12 月 26 日至 2022 年 4 月 15 日的涉华报道标题。后经人工筛选,排除与"一带一路"无直接关联以及不包含及物性过程的标题,最终检索到 140 例样本,标题小句 157 个。

3.2 研究步骤

本文以最终检索到的 157 个标题小句自建小型语料库,借助语料库标注及统计软件 UAM Corpus Tool 3.3v 展开研究。首先,创建名为"一带一路报道标题"的项目,并向项目中扩充自建标题小句 txt 文档。随后,建立及物性系统理论框架(见图 2)的标注体系,对语料进行手工标注,总计进行了 3 次标注,UAM Corpus Tool 对及物性过程的标注界面如图 3 所示。然后,就前后标注存在歧义的小句向系统功能语言学领域学者求证,从而得出最终结果,以尽可能保证标注的准确性。最终,根据生成的统计数据,对及物性分布特征进行定量阐述,并对媒体如何通过及物性结构的配置构建中国国家形象进行定性分析,具体标注结果如表 1 所示。

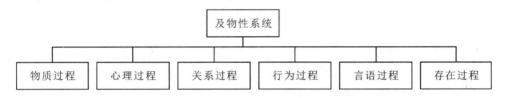

图 2 及物性系统标注框架

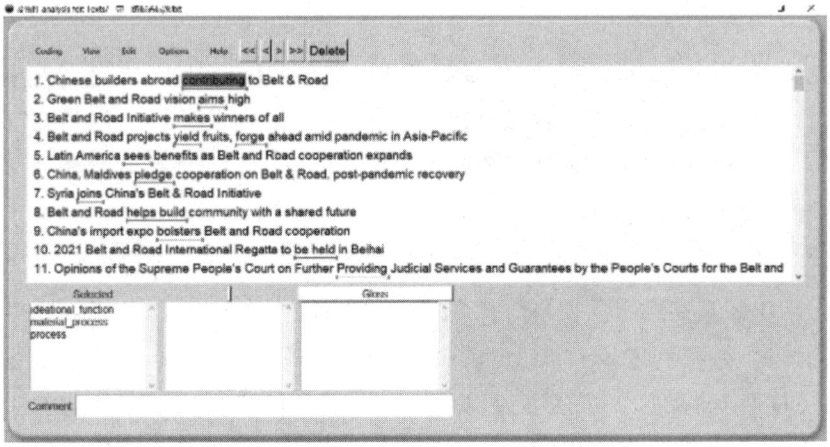

图 3 UAM Corpus Tool 对及物性过程的标注界面

表 1　UAM Corpus Tool 先后三次对及物性过程的标注结果（$N=157$）

过程类别	第一次标注		第二次标注		第三次标注	
	数量	占比	数量	占比	数量	占比
物质过程	103	65.60%	103	65.60%	97	61.78%
心理过程	10	6.37%	7	4.46%	11	7.01%
关系过程	20	12.74%	20	12.74%	19	12.10%
行为过程	0	0.00%	0	0.00%	0	0.00%
言语过程	24	15.29%	27	17.20%	30	19.11%
存在过程	0	0.00%	0	0.00%	0	0.00%

4　后疫情时代《中国日报》"一带一路"报道标题的及物性分析

本研究选取了《中国日报》中157个后疫情时代"一带一路"报道标题小句，基于及物性系统及其子系统对语料进行统计分析，以第三次标注结果为参考，发现物质过程占61.78%，言语过程占19.11%，关系过程占12.10%，心理过程占7.01%，没有存在过程和行为过程，具体数据如表1所示。该分布规律与国际政治语场下的过程分布特征一致。相关研究显示，此类报道多采用物质过程、言语过程、关系过程来实现概念意义，其他三种过程使用频率不高（杨雪燕，2004）。当然，报道中也不乏心理过程的使用，特定人士借其表达观点。下面将从这四个过程中选取典型小句进行分析。

4.1　物质过程

物质过程即"做"的过程，表示实体做某事或对其他实体做某事，在笔者搜集的语料中占比最大。《中国日报》主要通过物质过程表现不同主体的行为及"一带一路"的影响力，从而表明"一带一路"倡议在后疫情时代的认可度。这个过程主要体现在各主体的实际行动、影响力和沿线国家的积极响应。

其中，"一带一路"作为施事出现次数最多，其行为时间点主要包括隐含、突显两类。第一类行为动作未直接点明后疫情时代，主要由"帮助""提供""打开""促进"等语义色彩浓烈的动词体现，突显了"一带一路"倡议在新时期仍具有重要意义，能促进沿线国家的实质性发展（见例7至例11）。第二类强调了"一带一路"倡议在疫情下继续加深中国与各国的联系，由动词"加强""帮助"体现：一方面，表明疫情的冲击并未阻碍中国与各国的深切合作，中国仍在不断加强友好合作关系；另一方面，"一带一路"也成为经济复苏的重要契机（见例12、例13）。

"中国"作为施事出现的次数位居第二，受事包括"突如其来的压力"，表明疫情对我国对外贸易造成影响,而行为过程"积极回应",显示出中国面对压力毫不退缩,彰显坚韧无畏的正面形象(见例14)。与此同时,行为过程"邀请"一方面凸显了中国的主体地位,另一方面表明中国积极与其他国家构建同盟合作关系的意愿,符合中国一贯的友好形象(见例15)。但包容并不意味着没有原则的妥协,面对破坏正常交流合作、损害两国互信的行为,中方坚持零容忍。行为过程"敦促"将中国置于主导地位,立于正义执法者一方(见例16)。"中国及中国沿线城市"也多次作为施事出现,这些城市的"医疗""交通""经济"多个方面作为受事,与其他国家进行了多层次、多领域的合作,这表明"一带一路"不只是一条通向共同繁荣的经济之路,还是一条多元普惠的通衢(见例17至例20)。

"别国"作为施事出现的次数位居第三,具体包括叙利亚、阿布扎比、摩洛哥等,其行为可分为两类。其中的一类,是更多国家不断加入"一带一路"的行列,已经有过合作的国家愿意进一步深化合作,由行为过程"加入""快速推进""进一步加强"体现。这表明"一带一路"倡议的影响力不断扩大,且深入人心(见例21至例23)。

例7　Belt and Road[施事] helps build community[受事] with a shared future.

例8　Belt and Road[施事] offers development opportunities[受事] to Africa.

例9　BRI[施事] enhances innovation, sustainability[受事], bolsters global recovery[受事].

例10　BRI[施事] opens new path[受事] for win-win cooperation.

例11　Belt and Road[施事] can drive development[受事] for both China and European Union.

例12　BRI[施事] boosts Africa ties[受事] amid pandemic.

例13　BRI[施事] projects aid recovery[受事] in Europe amid COVID-19.

例14　China[施事] responds proactively to unexpected pressure[受事] in foreign trade.

例15　China[施事] invites countries[受事] to become economic partners in BRI.

例16　China[施事] urges Australia[受事] to revoke decisions[受事] to cancel 2 BRI deals[受事].

例17　China[施事] helps international vaccine drive[受事].

例18　China's Xi'an[施事] launches new freight train service[受事] to Europe.

例19　Xinjiang[施事] builds its medical expertise[受事], helps neighboring regions in BRI[受事].

例 20   China[施事]is leading the world economic recovery[受事].

例 21   Syria[施事] joins China's Belt and Road Initiative[受事].

例 22   Abu Dhabi[施事] puts on fast track with BRI[受事].

例 23   Morocco tie[施事] taken step[受事] higher with BRI deal.

4.2 言语过程

言语过程即用言语交换信息的过程,在笔者搜集的语料中占 19.11%。报道大多采用直接引用,表明新闻的客观性,增强可信度。官方或代表性人物的话语常被引用,表示各方对"一带一路"倡议的看法。如例 24 至例 28,讲话者分别为"专家/商界领袖""澳大利亚学者""德国学者""财务部门",皆为专业人士,具有代表性和公信力,这凸显出话语的权威性。从语义上看,讲话内容均为"一带一路"倡议带来的利好,涉及发展和跨文化交际等方面。可见,"一带一路"不仅通商脉,也通文脉。受益者不限于"发展中国家",受益范围涉及"全球",这表明"一带一路"影响范围大。在疫情形势下,"一带一路"背景下的深入合作至关重要。此外,报道中还存在以具体事件为讲话者的言语过程,如"苏伊士运河危机",言语内容为"一带一路贸易航线不可或缺",特定事件具体表现"一带一路"的重要作用,具有信服力。在传播各界声音的同时,中国声音和中国立场也不容忽视,如例 29,媒体以"习近平主席"为讲话者,传达了官方态度,表示"一带一路"是一条共同富裕的开放之路,中国期待与各方的交流合作,此处尽显中国的友好大国形象。

例 24   Experts, business leaders[讲话者] say BRI promotes global development[讲话内容].

例 25   Australian scholar[讲话者] says BRI a public good for developing countries[讲话内容].

例 26   BRI promotes intercultural exchanges[讲话内容], German scholar says[讲话者].

例 27   Strengthened BRI cooperation vital amid pandemic[讲话内容], FM says[讲话者].

例 28   Suez Canal crisis[讲话者] stresses need for BRI trade routes[讲话内容].

例 29   Xi[讲话者] says BRI a public road open to all, not private path[讲话内容].

4.3 关系过程

关系过程反映了事物间的逻辑关系及事件结果、影响等。在"一带一路"报道标题中,关系过程占12.10%。《中国日报》在报道中通过关系过程对"一带一路"、关系、发展的性质进行了界定,如表2中例30对污名作出回应,指出"一带一路"倡议不是要让非洲陷入债务陷阱,以纠正错误属性;表2中例31直接定义了"一带一路"的本质内涵,载体"一带一路"具有"和平""发展"的属性,表明"一带一路"是合作共赢、共同发展之路。对于疫情下的发展现状,载体"与东盟的经济联系"具有"更加紧密"的属性,表明双方积极展开合作且态势良好(见表2中例32)。例33以"中国新疆"为载体,属性为"贸易平稳进行",表明新疆在疫情形势下对"一带一路"贸易合作的推动。而良好的发展态势对"一带一路"亦有反拨作用,有助于"一带一路"在疫情的挑战下平稳运行(见表2中例34)。

表2 样本报道归属关系过程示例

示例	载体	属性
例30	Belt and Road Initiative	is not debt-trapping Africa.
例31	BRI	stands for peace, development.
例32	Economic ties with ASEAN	set to become even closer.
例33	China's Xinjiang	helps keep BRI trade afloat despite COVID-19.
例34	Development	will help BRI projects to stay course despite pandemic woes.

4.4 心理过程

心理过程侧重感知者的内心世界,反映感知者对事件本身的看法和态度。在报道中,心理过程主要用来表示不同主体对"一带一路"合作的愿景,表明"一带一路"倡议受关注的程度较高,以及中国是个可信赖的国家。如例35小句意愿表达者"阿根廷"迫切期望能加入"一带一路",希望与中国合作,表明"一带一路"符合沿线国家共同发展的利益需求。作为倡议发起者国家代表"习近平主席"对全球发展提出了更加绿色环保的新期望,凸显中国坚持全面可持续高效发展的大国形象(见例36)。除了不同主体的意愿心理过程,标题中还包含认知心理过程。如例37,"中铁二十局集团"作为认知者,认为"一带一路"基础设施建设有助于经济复苏,这体现了"一带一路"成果在后疫情时代的重要作用。例38"一带一路"为感知对象,被知觉为"弥补基建不足",这体现了"一带一路"对基建建设做出了巨大贡献。

例35　Argentina expects to jump aboard the BRI express.

例36　Xi looks to greener growth across globe.

例37　CR20G eyes BRI infrastructure as economies recover from pandemic.

例38　BRI praised for plugging gaps in infrastructure.

综上,《中国日报》主要通过物质过程、言语过程、关系过程、心理过程构建话语,并通过多元化的行为过程主要表现了中国坚韧、友好、顾全大局的大国形象。

5 结语

话语是构建国家形象的重要媒介,基于语言学理论的话语研究有助于阐释中国形象的建构过程,探讨形象建构的话语规律(陈琳琳,2018)。由此,本研究以《中国日报》在后疫情时代"一带一路"的相关报道标题为语料,在及物性框架下分析中国主流外宣媒体视角下的中国国家形象。从宏观来看,不同过程小句的总体特征表现为"物质过程＞言语过程＞关系过程＞心理过程",这体现了新闻报道的客观性。物质过程、言语过程能有据有实地表明客观情况,这两种过程的使用符合新闻媒体报道标题"谁在何时何地做了何事"的一般结构特征。从微观来看,研究发现,话语主要从构建和解构两方面建构中国国家形象。一方面,媒体对损毁性言论进行了回应,通过媒体人或官方人士表明中国态度、中国立场,构建了透明、有原则的大国形象;另一方面,媒体通过传达主旨理念、具体做法等自塑了合作共赢、引领发展的经济形象。此外,通过研究也可发现,"一带一路"倡议的发展在一定程度上虽受到疫情影响,但对后疫情时代的经济复苏至关重要。中国主流媒体《中国日报》运用多种及物性资源多角度体现了中国国家形象,构建出了一个立体的大国形象,传达了中国愿与各国共建"一带一路",打造利益共同体、命运共同体和责任共同体的愿景。

本文通过及物性过程分析了后疫情时代中国主流外宣媒体《中国日报》"一带一路"报道标题所彰显的中国形象,并探究了其话语动因,以期提供一个全面认识中国国家形象的新视角。但需指出,本研究所选取的语料库体量有限,不能全面反映媒体视角下的中国形象。因此,在研究上存在一些不足,后续研究需扩充更多语料,加强纵深研究。

参 考 文 献

[1] Fawcett R P. Problems and solutions in identifying processes and participant roles in discourse analysis. Part 1: Introduction to a systematic procedure for identifying processes and participant roles[C]// Annual Review of Functional Linguistics(vol. 3), Beijing: Higher Education Press, 2011.

[2] Fairclough N. Discourse and social change[M]. Cambridge: Polity Press, 1992.

[3] Gibreel S A. Identity and national belonging in Ansaruallah's political rhetoric:

A transitivity analysis[J]. International Journal of English linguistics, 2017, 7(4): 247-256.

[4] Halliday M A K. Some notes on "deep" grammar[J]. Journal of Linguistics, 1966(1):57-67.

[5] Halliday M A K, Christian M. An introduction to functional grammar [M]. London: Hodder Arnold, 2004.

[6] Halliday M A K. An introduction to functional grammar[M]. Beijing: Foreign Language Teaching and Research Press, 2010.

[7] Halliday M A K. Halliday's introduction to functional grammar[M]. New York: Routledge, 2014.

[8] Mayr A. Language and power: An introduction to institutional discourse[M]. London: Continuum International Publishing Group, 2008.

[9] Muhammad A A, Mubina T. Transitivity analysis of newspapers' news-headlines depicting crime committed against women in Pakistan[J]. International Journal of Linguistics, 2019, 9(5):400-414.

[10] Rajaa H S. Transitivity and mystification in a contemporary discourse analysis of Trump's inaugural address[J]. Theory and Practice in Language Studies, 2019, 10(1):26-32.

[11] Thompson G. Introducing functional grammar[M]. Beijing: Foreign Language Teaching and Research Press, 2008.

[12] 曹竞,方称宇. 生物医药英语的动词体系实证探究[J]. 外语电化教学,2020(4):32-39,6.

[13] 陈俊,王蕾. 国家形象构建视角下《中国日报》"一带一路"报道的话语分析[J]. 传媒,2020(19):78-81.

[14] 陈琳琳. 中国形象研究的话语转向[J]. 外语学刊,2018(3):33-37.

[15] 何伟,魏榕. 系统功能语言学及物性理论发展综述[J]. 北京科技大学学报(社会科学版),2016,32(1):1-20.

[16] 江潇潇. 语言三大元功能与国家形象构建——以斯里兰卡总统第70届联大演讲为例[J]. 外语研究,2017,34(1):11-15.

[17] 梁婧玉,李德俊. 中国形象的隐喻架构分析——以《经济学人》社会法制类报道为例[J]. 外国语文,2020,36(2):96-106.

[18] 刘文宇,毛伟伟. 非洲报纸媒体中中国形象的语料库辅助话语分析[J]. 外语研究,2020,37(2):9-15,55.

[19]刘小燕.关于传媒塑造国家形象的思考[J].国际新闻界,2002(2):61-66.

[20]沈悦.后疫情时代"一带一路"对外传播的治理框架建构[J].云南社会科学,2022(1):169-179,189.

[21]谭晓春,黄国文.自然诗歌翻译的功能语言学解读——以孟浩然《春晓》为例[J].外语教学,2019,40(5):72-78.

[22]王金波."一带一路"能否提升中国国家形象[J].世界经济与政治,2022(2):4-31,155-156.

[23]吴明华,王丽帆.巴基斯坦主流媒体"一带一路"报道探析[J].青年记者,2021(10):104-105.

[24]夏蓉,徐珺.基于系统功能语言学的企业社会责任生态话语分析[J].中国外语,2020(4):33-42.

[25]辛志英,单健.英语及物性系统中结果属性的入列条件[J].现代外语,2019,42(6):731-742.

[26]徐小鸽.国际新闻传播中的国家形象问题[J].新闻与传播研究,1996(2):35-45.

[27]杨雪燕.国际政治新闻英语的文体特征[J].外语研究,2004(3):31-37.

[28]于晖,王丽萍.生态话语及物性分析模式探究——以教育语篇为例[J].外语与外语教学,2020(6):43-54,120,148.

[29]张桢,庄严.新形势下有效应对国际舆论的对策探究[J].新闻爱好者,2021(11):70-73.

通信地址: 225000 扬州大学外国语学院
朱 慧(zhui0126@126.com)

翻译研究
Translation Studies

利用传统注疏翻译《论语》
——以理雅各和森舸斓为例

广州市中山大学中山医学院外语教研室　魏望东

摘　要:汉语经学家常常参照传统注疏来解读《论语》。跨语际翻译《论语》,也可以根据《论语》的传统注疏来理解和表达。利用《论语》传统注疏文本的指导,创构出《论语》翻译的正文本和"副文本",这是一种类似"深度翻译"的方法。有译者会以一家注疏为主,如理雅各主要参照朱熹的《四书集注》;也有译者会使用注疏汇集本,参照多家注疏来解读和翻译,如森舸斓参照程树德的《论语集释》。如果译者执着于所选定的注疏,这可能会对他翻译时的意义选择起到一种暗示作用,进而在一定程度上约束其译文的语义表达,注疏如有不恰当之处,译文自然受之影响。译者参照何种注疏,译文语义就会与之相关联,尤其在其理解和翻译一些歧义句时,传统注疏会有明显的影响。

关键词:翻译《论语》;传统注疏;朱熹;程树德

On the Translation of *The Analects*(*Lunyu*) Guided by Traditional Commentaries
—By Versions of James Legge and Edward Slingerland

Abstract:For scholars interested in *The Analects*, its written commentarial tradition can help them get a better glimpse into the original conversational environment, can provide them with distant historical context and can help them better understand the textual connections and the implications. These traditional commentaries can thus help translators produce the translated versions and their relevant subtexts in the target language, making them closer to the possible true meanings of the original *Analects*. Some translators may choose one commentator's commentarial text or texts as their reference while some others may choose some collections of commentarial works by many commentators and select those they deem sensible. The commentarial work they choose may have some restraining effect on their interpretation of *The Analects* and it may effectively influence their corresponding version of *The Analects* in the target language, the influence being remarkable as far as the translating of some ambiguous sentences in the source text is concerned.

Key words:translating *The Analects*(*Lunyu*);traditional commentaries;Zhu Xi;Cheng Shude

1 引言

《论语》是中华古文化的经典载体,拥有众多读者。因此,为求解和传播中华古文化,

《论语》是一个绝佳的选择。这也是近现代和当代的国内外学者纷纷选择《论语》进行注解和翻译的原因。本文专论《论语》的跨语际翻译。黄国文(2011)统计,在《论语》的跨语际翻译文本中,仅英语译本就有60种以上。随着中国国家实力和国际影响力的不断增强,世界人民对中国文化和中国古典文化的兴趣也会日渐浓厚,因此《论语》的新译本也会不断推出,比如,在2014年,企鹅出版社(Penguin Books)推出了Annping Chin(金安平)的《论语》全新译本。

在这些《论语》译本中,各位译者采用了多种方法进行典籍解读和翻译重构。其中一些译者利用《论语》的传统注疏作为依据,来指导《论语》解读和汉英文字的言语转换。这种依据传统注疏的翻译方法值得我们深入研究。本文先简述《论语》的注疏传统,然后探讨利用这种传统注疏来翻译《论语》的方法,认为它跟国外的翻译术语"深度翻译"(thick translation)的描述很类似,接着,笔者从具体的《论语》英译中选取一些例子,分析该翻译方法,并提出以下问题:有些译者参照一家注疏,而有些译者参照百家注疏,他们的选择理由是什么?不同的传统注疏如何影响译者的翻译,影响深度如何?本文的研究主要以两个译本为例,一个是理雅各(James Legge)的译本,另一个是森舸澜(Edward Slingerland)的译本,另外偶尔引用了金安平的译本来加以说明。本文的研究意义在于描述一种《论语》解读和翻译的有效方法,探讨典籍跨文化传播的可行途径。

2 《论语》的注疏传统

《论语》研究属于中国传统经学范畴。"经学是中国传统学术的核心和根基,构成了中国学术史的主线,并作为主流意识形态的代表形式,对古代思想、政治、文化、学术等诸多领域都产生了深刻的影响"(顾永新,2019)。经学研究常常应用训诂与注疏的方法。按照赵振铎(1988)的说法,早在中国先秦时代,就已经有注释的雏形,当时有"传""解""说""志"等,都以阐述微言大义为主,后为两汉今文经学家所继承。这是中国经学的注疏传统的起源。注,是注文、注解、注释的意思,解释文章或书籍正文的文字称为"注"。疏,是疏通、疏解、正义的意思,对正文和前人的注解进行解释和疏通,这样的解释文字即谓"疏"。注不离经,疏不破注。注疏"原只限于被官方奉为正宗的儒家经典。注疏时,既解经文,兼释旧注,串讲经文内容,疏通旧注文意。宋以前经书的旧注和疏文都单独成书,不附在经书中。至南宋才割裂注文、疏文,以就经文,合为一书"(苟琳,2017)。中国文化史拥有许多璀璨典籍,吸引了无数热心读者,也催生了浩繁的典籍注疏。"从文献学的角度看,历代汗牛充栋的经的注疏论说,都是对经的诠释"(李学勤,2005)。其中最具代表性的是《论语》,自成书以来,汇聚了各朝各代各种注疏文本。比较著名的有西汉孔安国《论语孔氏训解》、东汉末年郑玄《论语注》、三国何晏《论语集解》、南北朝时期皇侃《论语义疏》、北宋邢昺《论语注疏》(又称《论语注疏解经》)、北宋陈祥道《论语全解》、北宋程颐《论语解》、南宋朱熹《论语集注》、清代刘宝楠《论语正义》、近现代程树德《论语集释》、杨树达《论语疏证》和杨伯峻《论语译注》等(唐明贵,2019;张其成,2017;张驰,2018)。

这些注疏阐释和宣传孔子儒家思想。注疏者用个体理解视域介入孔子和《论语》的历史语境,以及《论语》所提供的文本视域里,进行融合和发挥。具体方法有古汉字形旁、语音和语义的训释、《论语》中名物及典章制度的考据、《论语》要旨和义理的解释等。互文性理论认为,后人都会参考前人见解,从历史时间流线来审视,后面注疏都会参照或引用前面注疏。

《论语》的阅读和传承大多参照这些典籍注疏进行解读或拓展式的诠释,如果过分脱离这些注疏的思想框架,会被认为离经叛道。"不学而术地讲《论语》,为愚乐观众而将《论语》庸俗化,视经典为任性随意的玩物,根本不知《论语》为何物"(肖鹰,2007)。

3 依据传统注疏翻译《论语》

翻译过程离不开理解与表达。既然《论语》解读历来多参照传统注疏,那么,《论语》翻译,不管是在言语转换前的理解阶段,还是在言语转换中的表达阶段,都应充分利用传统注疏,以之为指导。一方面,译者可以参照传统注疏来理解其中的经文语义和要旨,组织译文,并且提供译文注释;另一方面,译者可以根据传统注疏,撰写译文的"副文本",即文月娥(2011)所说的"围绕在作品文本周围的元素,包括序、跋、标题、题词、插图、图画、封面以及其他介于文本与读者之间促进文本呈现的元素"。这样的《论语》翻译,不仅译出其正文篇章语句,而且在每一节《论语》译文后,都配上依据权威注疏文本的解释和评析,深究其中的微言大义,使《论语》解读具有深厚的历史文化氛围。这种翻译方法利用《论语》传统注疏文本,创构出《论语》翻译的正文本和"副文本"。这样的译本能够满足意欲深入了解《论语》的细心读者的需求,同时也能成为《论语》学术研究范本。这种依据传统注疏的《论语》翻译,类似于美国翻译理论家阿皮尔(K. A. Appiah)提出的"深度翻译",即"以评注或附注的方式力图把译文置于深厚的语言和文化背景中的翻译"(周领顺,强卉,2016)。

浏览《论语》的现有译本,我们发现一些译本运用了这种类似的"深度翻译"方法,如传教士理雅各翻译出版的《论语》译本 *The Analects of Confucius*;森舸斓的《论语》译本 *Confucius, Analects*;金安平的《论语》译本 *The Analects*。这些译本的结构包含以下共同元素:序言(preface)、导论(introduction, prolegomena)、翻译正文和注解(或脚注,如理雅各译本;或加上篇解,如森舸斓译本)、术语(terms)解释、孔子学生名单(disciples of Confucius)、《论语》中的历史人物等。

4 传统注疏的选择

发表于十九世纪中后期的理雅各译本提供了很大篇幅的注释和导论。笔者发现,理雅各译本是第一本运用类似"深度翻译"方法的《论语》英译本。理雅各(Legge,1893)述及朱熹在经学研究上的贡献,对朱熹推崇备至。他认为朱熹是中国最伟大的学者,其注疏优雅、清晰,对中国文献的影响无人能及。有鉴于此,理雅各翻译《论语》主要选择朱熹《四书集注》作为解读依据。下面以例1说明。

例1

原文:君子信而后劳其民,未信,则以为厉己也;信而后谏,未信,则以为谤己也。(《论语·子张篇第十九》第10章)

理雅各的译文:The superior man, having obtained their confidence, may then impose labours on his people. If he has not gained their confidence, they will think that he is oppressing them. Having obtained the confidence of his prince, he may then remonstrate with him. If he has not gained his confidence, the prince will think that he is vilifying him.(理雅各,2011)

这个例子里,儒家思想核心词"信"出现4次。理雅各用"confidence"来表达,该词也出现四次。他在脚注里援引了朱熹的解释,"Chu Hsi gives to 信 here the double meaning of 'being sincere,' and 'being believed in'. The last is the proper force of the term, but it requires the possession of the former quality."(理雅各,2011)。朱熹《四书集注》的原文是:"信,谓诚意恻怛而人信之也。厉,犹病也。事上使下,皆必诚意交孚,而后可以有为。"(朱熹,2008)。我们将理雅各的英文脚注和朱熹的汉语解释进行对比可以发现,理雅各的译注明显参照了朱熹注疏。在某些情况下,即使理雅各认为朱熹的解义有欠妥的地方,他还是将之奉为圭臬,如下文的例3。

对理雅各执着于朱熹注疏的做法,森舸斓持有异议。理雅各、苏慧廉(William Soothill)和刘殿爵都主要根据一家注疏即朱熹的注疏来翻译《论语》,翻译时有可能受制于一家注疏的有限阐释视野,比如朱熹注疏利用佛教不合时宜的形而上学观点(anachronistic Buddhist metaphysics)来解读《论语》,阐释有其局限性(Slingerland, 2003)。为了让读者了解《论语》注疏传统的多样性,森舸斓选择了历代注疏的汇编本——程树德的《论语集释》,作为他翻译时意义选择和译文后注释的主要依据。采用《论语集释》,就是参考历代140多家注疏(140是森舸斓统计的数字),其中当然也包括朱熹的注疏。利用众多注疏家的阐释成果,有助于降低翻译阐释的狭隘性和局限性。下面以例2说明。

例 2

原文：父母唯其疾之忧。(《论语·为政第二》第六章)

森舸斓译文：Give your parents no cause for anxiety other than the possibility that they might fall ill. (Slingerland, 2003)

森舸斓译文的引申意义是"孩子处世谨慎，行为检点，父母就不担心，至于健康问题，天命使然，父母担心也是没办法的"。森舸斓点明，"As Huang Kan explains, 'The point is that a son should constantly be respectful, careful, and self-possessed, and should not engage in illicit behavior that would cause his parents undue worry. It is only the state of physical health that is something beyond one's ability to control or predict, and therefore worth worrying about.'" (Slingerland, 2003)。皇侃的解释出自程树德(1990)，"[唐以前古注]皇疏：言人子欲常敬慎自居，不为非法，横使父母忧也。若己身有疾，唯此一条非人所及，可测尊者忧耳"。此例说明，森舸斓从程树德《论语集释》所收集的各种注疏中选择出一种解释，作为他翻译的意义依据。

与森舸斓的看法类似，金安平也认为《论语》翻译不宜盲从朱熹一家之言，否则就会丧失《论语》中夫子所言的歧义和细微差异(ambiguities and nuances)(Annping Chin, 2014: ix)。与森舸斓不同的是，金安平主要选择刘宝楠的注疏——《论语正义》，以《论语正义》为参考，就是以刘宝楠所收集的各种注疏材料为参考，并非局限于刘宝楠一人的观点。她认同程树德的注疏本《论语集释》所收集的材料和不同的解释比刘宝楠的《论语正义》丰富，但她认为程树德的许多注疏内容是基于刘宝楠的(2014)。

翻译如同建筑，源语文本和文化是工地、建材和施工蓝图。译者设计出具体的建筑细节图，进行细节施工和装潢。就《论语》而言，它的传统注疏给译者提供了适用的脚手架和建材。译者根据注疏，选择意义，翻译《论语》正文，同时也根据注疏，提供丰富的翻译注释和篇章解读，和译文正文一起，共同构造出类似"深度翻译"的《论语》翻译文本。通过细读这种深度翻译文本，读者可以慢慢欣赏中华两千多年传承下来的文化典籍，浸淫于中华的千古宝藏中。

译文文本是这座文化大厦的主体，下面我们以一些具体的译例，探讨传统注疏如何影响译者的翻译。

5 注疏对翻译的影响

翻译过程包含理解与表达。译者在源语文本的理解阶段参考传统注疏，在表达阶段，译者依据传统注疏对源语的文本意义和文化意义的阐释必定会在译文文本中体现出来。我们可以深入细读翻译的正文本和相关的"副文本"，认真理解并欣赏译者言语转换的选词造句以及译者对译文的解释,同时将其与注疏内容进行具体的字句比照。用字句比照的方法,我们可以发现译文和译注与注疏的关联程度,这种关联可以涉及言语意义、修辞风格、意识形态和价值判断等方面,其中最直接的关联应该是意义关联。发现这种关联后,我们就可以判断注疏对译者翻译的影响程度。下面以例 3 说明。

例 3

原文:传不习乎?(《论语·学而第一》第 4 章)

理雅各译文:Whether I may have not mastered and practised the instructions of my teacher.(理雅各,2011)

理雅各翻译脚注中指出,"传不习 is very enigmatical. The translation follows Chu Hsi. 何晏 explained quite differently: 'whether I have given instruction in what I had not studied and practised? It does seem more correct to take 传 actively, to give instruction, rather than passively, to receive instruction. See Mao Hsi-ho's 四书改错, xv. article 17.'"(理雅各,2011)。理雅各把"传不习乎"译成"Whether I may have not mastered and practised the instructions of my teacher",这是根据朱熹注疏的阐释翻译出来的。"传,谓受之于师。习,谓熟之于己。"(朱熹,2008)。既然理雅各认为在这句的不同注疏中,何晏的比朱熹的更准确,他为什么不采用何晏的注疏来翻译呢?《论语·述而》有言,"三人行,必有我师焉,择其善者而从之。",理雅各翻译这句,没有择善而从,也不作解释,只是简单指出他的翻译遵循朱熹的注疏。

我们提出一个假设:在某些篇章语句里,译者如果执着于一家注疏以指导其翻译,这种执着可能会对译者翻译时的意义选择起到一种暗示作用,进而在一定程度上约束其译文的语义表达,译者所采用的注疏如有不恰当之处,译文自然受到影响。例 3 是一明证,接下来的例 4 也可作证。(注:例 4 的原文与例 2 一样,不过,例 2 说明的是森舸澜的翻译,例 4 说明的是理雅各的翻译)。

例 4

原文:父母唯其疾之忧。(《论语·为政第二》第六章)

理雅各译文:Parents are only anxious lest their children should be sick.(理雅各,2011)

理雅各翻译的含义是父母非常担心孩子会生病,引申义是儿女要注意保健。他在译注表明,译文依据朱熹,"Chu Hsi takes 唯 not in the sense of only, but of thinking anxiously—Parents have the sorrow of think anxiously about their—i. e. their children-being unwell. Therefore children should take care of their persons."(理雅各,2011)。理雅各也注意到朱熹曾提到的其他注疏家的阐释,"The old commentators again take 唯 in the sense of only. Let parents have only the sorrow of their children's illness. Let them have no other occasion for sorrow. This will be filial piety."(理雅各,2011)。朱熹注疏原文:"言父母爱子之心,无所不至,唯恐其有疾病,常以为忧也。人子体此,而以父母之心为心,则凡所以守其身者,自不容于不谨矣,岂不可以为孝乎？旧说人子能使父母不以其陷于不义为忧,而独以其疾为忧,乃可谓孝,亦通。"(朱熹,2008)。这一译例进一步验证了上文的假设,理雅各坚持采用朱熹注疏,这种执着能在某种程度上对译者的语义选择起到暗示的作用。

在翻译的理解阶段,译者参照哪家注疏,就会产生出与之有意义关联的译文。在一些歧义句中,这种注疏对译文的影响特别明显,如下面的例 5 所示。

例 5

原文:夷狄之有君,不如诸夏之亡也。(《论语·八佾第三》第 5 章)

理雅各译文:The rude tribes of the east and north have their princes, and are not like the States of our great land which are without them."(理雅各,2011)

森舸斓译文:The Yi and Di barbarians, even with their rulers, are still inferior to the Chinese states without their rulers. (Slingerland,2003)。

这句的歧义在于"不如"二字。理雅各译文的言下之意是,夷狄的蛮荒之地,还有君主,华夏乱法废君,华夏沦落到比不上夷狄了。理雅各的脚注解释,"Chu His takes "如" as simply ＝似,and hence the sentiment in the translation."(理雅各,2011)。朱熹在《四书集注》(2008)中,引用程子和尹氏的解释,表达出华夏沦落到比不上夷狄的暗含之义。程子和尹氏的解释分别是"夷狄且有君长,不如诸夏之僭乱,反无上下之分也。","孔子伤时之乱而叹之也。亡,非实亡也,虽有之,不能尽其道尔"。理雅各无疑是根据朱熹注疏的暗含之义来翻译的。森舸斓的翻译之义恰好跟理雅各的相反,森舸斓的言下之意是,华夏虽然无君主,也比有君主的夷狄好。森舸斓附注解释,"Huang Kan and others are probably correct in seeing this as another jibe at the Three Families of Lu." (Slingerland,2003)。我们从森舸斓参考的注疏——程树德的《论语集释》(1990)中发现,程树德引用皇侃和其他人的注疏,"皇疏:此章为下僭上者发也……言中国所以尊于夷狄者,以其名分定而上下不乱也。释惠琳云:有君无礼,不如有礼无君,刺时季氏有君无礼也"(注:释惠琳将季氏贬抑为和夷狄同流,都是有君无礼)。森舸斓据此解读和翻译,他在注释中说"seeing this as another jibe at the Three Families of Lu."(译:以此嘲讽鲁国的三大家族)。例 5 说明,在翻译的理解阶段,译者所参照的典籍注疏会对译文所表达的意义产生直接影响,从而左右译者的价值判断。森舸斓在此例以"inferior"做出了他明显的价值判断。

6 结语

本文主要根据理雅各和森舸澜的《论语》英译本,探讨利用传统注疏翻译《论语》的方法。

《论语》是用先秦古汉语编写而成的,跟现代汉语的差距很大,另外,在东汉造纸出现前,《论语》和其他古籍都是用竹简保存记录下来的,难免会有编次颠倒现象。因此,我们需要利用和继承前人历代积累下来的研读成果来解读古籍《论语》。万事万物都有发展变化的过程,即使无中生有,也是先从 0 到 1,再从 1 到 2,我们不能凭空臆断。综上,本文主张,对《论语》的解读和翻译需要充分利用传统注疏的研究成果。中国的传统经学拥有两千多年的历史,产生了大量的《论语》注疏,传世下来比较具有代表性的有朱熹的《四书集注》、刘宝楠的《论语正义》和程树德的《论语集释》等。

理雅各主要参考朱熹的注疏,而森舸澜则以程树德的《论语集释》为参考。这两位译家都充分利用前人研究成果,殚精竭虑,创构出《论语》翻译的正文本和"副文本",他们的解读是深度阅读,他们的翻译是深度重述。理雅各执着地偏重一家注疏,偶尔会有失公允。比如他在翻译某些语句时,明明认为其他注疏家的不同解释可能会更准确,但他还是坚持按照朱熹的注疏来翻译,而不是择善而从。因此,如果译者执着于所选定的一家注疏,在某种情况下,这可能会对他翻译时的意义选择起到一种暗示的作用,进而在一定程度上约束或限制其译文的语义表达,注疏如出现纰漏,译文也就会跟着失之恰当。译者翻译时依据哪家注疏的解释,他的译文意义自然会与注疏意义相关联。对于当代读者来说,《论语》文本的一些句子是歧义句。译者对这些歧义句的翻译,明确了他选择的是哪家注疏,这一注疏可以左右其意义表达和价值判断。森舸澜坚持从众多注疏中选出他认为相对合理的解释来指导翻译,而不是盲从一家之言。这种开放的态度值得提倡,有利于我们寻找原典当时当地的历史语境中的意义。人类是为意义而活,寻找和确定意义是我们每个人下意识的追求。

译者在翻译过程中担当着多种角色,如读者、批评者、作者和编者。译者选好需要翻译的文本,进行深度阅读,因此,译者首先是读者,是最认真的读者。为了更接近《论语》原典在其所处的历史时空的文化意义,《论语》译者深入阅读有关注疏文献,并以批评者的身份进行注疏比较和勘误,筛选出比较接近原典意义的注疏解释,寻找并综合各种合理线索,力求还原《论语》文本的真实历史文化语境,同时利用自己作为翻译文本的"作者"和"编者"的特殊身份,用现代语言阐释并构建出新文本,给新文本读者展现两千年前中华先民多姿多彩的古典世界。

参 考 文 献

[1] Confucius. The Analects[M]. Translated by Chin A. New York:Penguin Random House Company,2014.

[2] Legge J. The Chinese classics with a translation, critical and exegetical notes, prolegomena, and copious indexes Vol. I [M]. Oxford:The Clarendon Press,1893.

[3] Slingerland E. Confucius, Analects[M]. Indianapolis/Cambridge:Hackett Publishing Company, 2003.

[4]程树德.论语集释[M].北京:中华书局,1990.

[5]苟琳.溯源——中国传统文化之旅[M].上海:上海社会科学院出版社,2017.

[6]黄国文.《论语》的篇章结构及英语翻译的几个问题[J].中国外语,2011(6):88-95.

[7]顾永新.经学文献与经学文献学刍议[J].北京大学学报(哲学社会科学版),2019(4):46-54.

[8]刘宝楠.论语正义[M].北京:中华书局,1990.

[9]理雅各.中国经典:《论语·大学·中庸》《孟子》《书经》《诗经》《春秋·左传》[M].上海:华东师范大学出版社,2011.

[10]李学勤.谈经学与文献学的关系[J].河南师范大学学报(哲学社会科学版),2005(2):118-119.

[11]唐明贵.论语学史[M].北京:中国社会科学出版社,2009.

[12]肖鹰.从"求真悦学"到"视学为术"——"于丹现象"批判[J].当代文坛,2007(4):16-20.

[13]文月娥.副文本与翻译研究——以林译序跋为例[J].北京科技大学学报(社会科学版),2011(1):45-49.

[14]张其成.张其成全解论语[M].北京:华夏出版社,2017.

[15]张驰.北宋《论语》注疏流变研究[D].成都:四川师范大学,2018.

[16]周领顺,强卉."厚译"究竟有多厚?——西方翻译理论批评与反思之一[J].外语与外语教学,2016(6):103-112.

[17]朱熹.四书集注[M].南京:凤凰出版社,2008.

[18]赵振铎.训诂学史略[M].郑州:中州古籍出版社,1988.

通信地址: 510080 广州市中山大学中山医学院外语教研室
魏望东(weiwangdong@qq.com)

中国文学"走出去"背景下的葛浩文、林丽君合译经历研究

南京师范大学外国语学院　洪淑婷

摘　要：当下，美国汉学家葛浩文已成为中国文学"走出去"话题中一位无法规避的人物，作为中国现当代文学在英语世界首屈一指的翻译者和推广者，他与妻子林丽君的合译事业也成为国内外翻译界的一段佳话。多年来，夫妇二人躬身中国文学翻译，助推中国多部文学作品在国外广泛传播，成为中外合作翻译的典范。本文拟从葛氏夫妇合译中国文学的经历出发，分析两人成为中外合作翻译成功案例的原因。经分析，两人翻译分工明确，合作默契，善于与多方协调沟通，并且对待译文严谨认真，这些都足以启发当下参与中国文学翻译的中外译者，有利于推动中国文学"走出去"的进程。

关键词：中国文学"走出去"；中外译者合作；合作翻译；葛浩文；林丽君

On Howard Goldblatt and Sylvia Li-chun Lin's Collaborative Translation in the Context of the "Going-out" of Chinese Literature

Abstract: The American sinologist Howard Goldblatt and his wife Sylvia Li-chun Lin have been committed to the translation and the popularization of Chinese modern and contemporary literary works in English-speaking countries, not only promoting the "Going-out" of Chinese literature, but also setting a good example for sino-foreign translators' collaboration. This paper tries to figure out how their translation become a success based on their experience of translating Chinese literary works collaboratively. After analysis, it is concluded that Howard Goldblatt and Sylvia Li-chun Lin are the perfect partner for each other, they are able to maintain good interaction with other subjects and they are rigorous and precise in translation, which leaves implications for Chinese and foreign translators who have been or will be involved in Chinese literary translation, thus further promoting the "Going-out" of Chinese literature.

Key words: the "Going-out" of Chinese literature; Sino-foreign translators' collaboration; collaborative translation; Howard Goldblatt; Sylvia Li-chun Lin

1 引言

21世纪以来,翻译助力中国文学"走出去"的话题深受学界重视,作为民族文化的集中体现,中国文学的对外译介成为中国文化"走出去"倡议的重要环节(董璐,蓝红军,2021),如何为中国文学提供优质的翻译并使其在海外广泛传播是我国一直探索的问题。纵观我国的汉籍外译历程,中国文学译作主要由合作翻译[①]产生(刘立壹,2012)。然而,中国文学"走出去"的过程并非一帆风顺,目前仍有不少媒体和公众固执地认为"只有中国人才能完全理解中国文学",才能最大程度上再现文学作品中的"原汁原味",于是寄厚望于中国本土译者。殊不知,本土译者的文学译本无论是在借阅数、引用量还是发行量、再版数方面都远逊于外国译者的译本(胡安江,2010)。为何本土译者合作翻译的中国文学作品在国外惨遭冷遇?因为这类以本国人员为主体的合作翻译属于"单向性合作模式",译者间"缺乏汉英两种语言的交流和互动",一味地追求保留中国特色语言,反而无法达到交流的目的(鲍晓英,2013),同时,"我国译者对目标读者的接受力不够了解"(朱振武,2019),翻译出来的内容让目标读者看得不太懂,从而使得译作本身在目标读者中的受欢迎程度降低。除了译作本身的问题外,宣传不力也严重影响着我国本土译者的译作在海外的传播与接受(朱振武,2019),在以本国译者为主的合作翻译模式中,译者缺乏与英语世界媒体、出版社之间的交流和合作,译介途径狭窄(乔令先,2015),仅凭国内译者和国内出版社的努力,没有"国外出版方大力宣传和强力推销",中国文学不但"走"不出去,反而会陷入"孤芳自赏""自娱自乐"的怪圈(吕敏宏,2011;朱振武,2019),再加上国外政府对翻译作品有着自身的评估方式和标准,这也使得中国文学对外传播之路充满荆棘(于虹,2021)。

这一系列问题都迫使我国对文学译者模式做出理性的选择,胡安江(2010)提出中国文学"走出去"最理想的译者模式需具备以下四个要素:(1)熟悉中国文学的历史与现状;(2)了解海外读者的阅读需求与阅读习惯;(3)能熟练使用母语进行文学翻译;(4)擅于沟通国际出版机构与新闻媒体及学术研究界。由此可见,最能担此重任的译者是西方汉学家群体。骆萍(2015)也指出,相较于中国本土译者,西方汉学家作为译介主体,知名度和可信度更容易让西方读者接受。不仅如此,黄友义曾在一次访谈中提出,中译外一定要有"中外合作",一方面,如果中译外的主译者是深谙中国文化的中国译者,则需要外国译者帮忙在语言上润色。另一方面,如果中译外的主译者是国外汉学家或学习中文的人,则需要搭配一个对中国文化十分了解,外语基础又好的中国人,且中国文学作品中方言俗语和文化负载词的翻译常常需要中国译者把关(鲍晓英,2013)。事实证明,近年在国际上享有较高知名度的译本均是中外合作的结果且在汉籍英译史上,相较于以本国译者为主体的合作翻译模式，"跨国合作，尤其是家庭合作"中非常成功的案例要多得多（鲍晓英，2013；乔令先，2015），其中较为典型的就是美国汉学家葛浩文与妻子林丽君。

葛浩文、林丽君夫妇合作翻译了《青衣》《玉米》《推拿》《我不是潘金莲》《荒人手记》等作品，"质量上乘"（季进，2018），在国外收获了一大批读者，两人的合译作品也斩获多个奖项。例如，两人在 1999 年合译完成了《荒人手记》(*Notes of a Desolate Man*)，此译本一经出版，就广受美国众多英语读者的喜爱，出版当年就获得了《纽约时报》和《洛杉矶时报》评选的年度好书奖，第二年又获得了美国的年度国家翻译奖（朱玉彬，陈晓倩，2015）。再如，两人合译的《青衣》和《玉米》惟妙惟肖地传达出原作对"中国社会的刻画"以及对"普遍人性的关照"，赢得了英语读者的好评。2008 年，《青衣》(*The Moon Opera*)的英译本入围英国《独立报》外国小说奖复评名单；2011 年，《玉米》(*Three Sisters*)的英译本使毕飞宇击败了诺贝尔奖得主大江健三郎，荣膺当年的"英仕曼亚洲文学奖"。这两部译作的成功也成就了毕飞宇在英语世界的文学名声（吴赟，2013）。

近年来，针对中国文学外译这一话题，美国汉学家葛浩文一直是研究热点，而其妻子林丽君一直处于边缘地位，但实际上林丽君也在葛浩文的翻译生涯中扮演了重要角色，两人的合作几乎是无处不在的，葛浩文曾透露，即使是他单独署名的译作，在交给编辑之前，也会请林丽君帮他看看（李文静，2012）。另外，两人采用颇具特色的合作方式成功让中国诸多文学作品登上世界舞台，使得中国文学被外国读者熟知，并收获广泛的读者群体，对我国文学外译事业和合作翻译模式具有方法论上的指导意义（季进，2018）。

2 默契十足的"翻译搭档"

葛浩文、林丽君夫妇各自的文化身份，以及对母语文化和工作语言的熟悉度，使得他们能够自如地往返于两种话语体系和文化脉络之间（吴赟，2013），堪称中西合璧翻译的"梦之队"（李文静，2012）。夫妻二人伉俪情深、志同道合，多次合译中国文学的经历不仅推动了中国文学"走出去"的进程，还增进了彼此合作的默契，这种默契首先就体现在翻译分工和合译模式上。

2018 年，葛浩文、林丽君夫妇在上海外国语大学举办的"中国现当代文学在海外的译介与接受国际研讨会"活动间隙的对谈环节中详细介绍了两人合译的做法和分工。葛浩文和林丽君合译一部中国文学作品，在出版前至少有 7 稿（葛浩文等，2019），主要分工及内容如表 1 所示（注：以下流程分工仅限原文作者仍健在且能被葛氏夫妇联系到的情况，当翻译萧红等已故作家作品时，译者无法与原作者取得联系，分工和流程也会有所差异）。

表 1　葛浩文、林丽君合译过程及分工

稿数	翻译活动所涉及的主体	主要分工和工作重点
第1稿	林丽君	独立完成首稿,侧重原文文义的传达
第2稿	葛浩文	对照中文原文,修改林丽君的译稿
第3稿	葛浩文、林丽君	1. 葛朗读译文,林逐字逐句地与原文核对 2. 共同商讨准确传神的翻译方法 3. 遇到疑难问题时,以书信、邮件等方式向原作者寻求解答
第4稿	葛浩文、林丽君、原文作者	1. 葛抛开原文,再次通读译文,进一步修饰润色译文的风格和逻辑,使之流畅 2. 夫妇二人根据作者的答复和解释共同讨论,并对译文进行修改 3. 遇到新问题,再向作者寻求解答,得到回复后再修改 4. 将译稿送给编辑
第5稿	葛浩文、林丽君、编辑	1. 编辑提出修改意见和疑问,夫妇二人解释编辑提出的疑问并根据编辑的反馈意见修改译稿,与出版社就出版要求达成一致 2. 将修改好的译稿送给排印编辑
第6稿	排印编辑	文字、排版校对,提出修改意见
第7稿	葛浩文、林丽君、排印编辑	根据排印编辑提出的意见进行最后的修改,达到出版要求

从上述翻译分工来看,虽然译文的首稿出自林丽君,但在之后几稿中,林丽君主要负责核对并提出建议,而葛浩文在译文修改润色方面起到举足轻重的主导作用,因此不难看出,二人合作过程中,葛浩文为主译,林丽君为辅译。乔令先(2015)指出,出于对目标语文本可接受性的考虑,目前的跨国合作翻译模式当以英语译者为主,汉语译者为辅。耿强(2019)也认为,为了"避免对原文理解的错误以及文学翻译作品因为语言陌生化问题而遭遇的阅读障碍",中国译者应积极与国外译者或汉学家合作,形成以外籍专家为主、中国译者为辅的合作翻译模式,而葛氏夫妇的合译模式恰与上述观点不谋而合。

3　忠实可靠的"文化中间人"

葛浩文也曾坦言,译者在译稿过程中要服侍多个"主人",主要包括读者、作者和编辑

(出版社)等。正是因为葛氏夫妇在翻译过程中需要与多方打交道,所以他们合译文本的成功,离不开对目标语读者的考虑以及与作者和编辑的沟通与协调。

3.1 心系读者

一部文学译作的译介效果如何,目标读者的接受度不失为重要的衡量标准之一。为了使译文符合目标读者的口味,译者往往要在翻译选材和翻译策略上花费不少心思。葛浩文作为地道的美国人,不仅有译入语文化身份,还有目标语环境的成长经历,而林丽君也有长期在美国生活的经历,两人对目标读者的喜好、兴趣和阅读习惯较为了解,所以在翻译题材和翻译策略选择上有优势。虽然葛浩文在进行文本选择时表现出了"唯我论"(刘小乐,2015),即选择喜欢的作品翻译,但是出于对多种因素的考虑,他的"喜欢"又不可避免地要照顾到目标读者的阅读取向,有时甚至还要主动迎合目标读者的阅读兴趣(胡安江,2010)。葛浩文意识到美国读者喜欢的作品主要包括以下几种类型:(1)sex(性爱)多一点的;(2)politics(政治)多一点的;(3)侦探小说;(4)历史小说;(5)美女作家(如春树、卫慧等)的作品(胡安江,2010)。于是便有了《推拿》《玉米》《碧奴》《荒人手记》等合译作品的问世。正如葛浩文接受美国俄克拉荷马大学教授石江山(Jonathan Stalling)采访时所说的:"作家为他的读者而写作,译者也为他的读者而翻译。"(Stalling,2014)

葛氏夫妇二人出于对读者的考虑,在有关翻译策略的选择上,也曾碰撞出"火花"。例如,林丽君更倾向于用地道的英文,不会保留过多的文化成分(李文静,2012)。相比之下,葛浩文重视译文的可读性和读者的反应,在确保译文可读性的基础上,他尽力重现原作中的异质成分,保留更多的文化成分(邵霞,2017),而在一些俗语、粗俗语、方言的翻译上,葛氏夫妇能够达成一致,都认为不仅要满足读者的期待视野,还要实现译文在目的语语境下的交际功能,传播小说中蕴含的中国文学元素和异质文化(陈晓倩,权继振,2018)。例如,两人在合译毕飞宇的《玉米》时,就遇到了很多极具乡村异质文化色彩的粗俗语、与女性相关的侮辱性词汇和方言:

例 1

别看玉米在王家庄的时候人五人六的,到了这个家里,玉米其实什么都不是。屁都不是。(毕飞宇,2013)

Yumi may have considered herself important in Wang Family Village, but in this house she enjoyed no discernible authority. None, actually. (Bi, 2010)

例 2

谁敢嚼蛆,我铰烂他的舌头!(毕飞宇,2013)

I'll cut the tongue out of anyone who says a word. (Bi, 2010)

例 3

个臭婊子。长得好看的女人没有一个好东西。(毕飞宇,2013)

You stinking whore. All good-looking women are trash. (Bi, 2010)

例 4

玉米想,那你就客气吧,……再客气你还是个骚货加贱货。(毕飞宇,2013)

Go ahead, be as courteous as you like, ... All those nice manners do not alter the fact that you're a trollop, cheap goods. (Bi, 2010)

以上四个例子中,"人五人六""屁都不是""嚼蛆"都是带有地方特色的粗俗语或方言,在英语文化中是空缺的,超出了目标语读者的理解范畴,因此葛氏夫妇在处理这些词汇的翻译时,采用了意译,虽舍弃了对原文字面的忠实,但做到了对原文词性的忠实,而且以一种易于理解的方式将原文的核心含义传递给了译文读者。而在针对"臭婊子""骚货""贱货""没有一个好东西"等具有辱骂性质的词语时,两位译者采用了直译的方式,"臭婊子"在英语中没有完全对等的表达,因此译者将其直译为"stinking whore",而"贱""骚"等形容词的用法在英语中有对等的表达,葛氏夫妇依然采取直译,比较轻易地"为译文读者和原文搭起了一座沟通的桥梁"(陈晓倩,权继振,2018)。此番灵活处理,正符合葛浩文在采访中所言:不会追求字字准确,如果英语中有些俚语或陈词、偏词能够传达原文的意思,便会在译文中使用它们,如果没有合适的,就不会用(Stalling,2014)。

3.2 密切联系作者

原作者与译者的配合程度直接影响着文学译作的"形态和质量"(吴赟,2013),葛氏夫妇二人在合译过程中,与作者联系密切,作者也能够积极配合,彼此维持了良性的合作与互动,在很大程度上促成了译作的成功。两人与作者的联系基本上是贯穿始终的,从最开始决定翻译某部作品时,译者需要联系作者,获得授权。在翻译过程中,如遇到无法理解或有疑问的句子时,他们会致信作者,寻求解答。例如,两人在合译《推拿》的过程中,就曾通过邮件向毕飞宇提出了 131 个问题,就原文中方言(如"扒家""有数")、俗语(如"哪一路神仙")、成语(如"含英咀华""天花乱坠")的特殊用法与作者交流(许诗焱,2016;许诗焱,许多,2018;许诗焱,张杰,2020),有时也会针对原文中的一些问题,提出质疑,并向作者进行"矛盾求证"(许诗焱,许多,2018)。

例 1

原文:可是,回过头来一想,小孔迟早是自己的老婆,这毛病又不能算是毛病了——不是吝啬,而叫"扒家"。(毕飞宇,2011)

译者提问:扒家——就是顾家的意思吧?

作者回答:是的,顾家。这是一个老百姓的说法,就好像一双手把什么东西都往自己的家里"扒",一般指结婚后的女人。

例 2

原文:如果受伤的不是都红呢?——如果受伤的人不是这样"美"呢?如果受伤的人没有一双天花乱坠的手呢?(毕飞宇,2011)

译者提问:天花乱坠的手——词典里"天花乱坠"是用甜言蜜语欺骗别人,但都红没有欺骗沙复明。

作者回答:许多词都有它们的本义和引申义,在字典里,强调的是引申义。其实,天花乱坠的本义就是——花瓣从天而降,是很美的样子。

例 3

译者提问:第 179 页,"随鸡随鸡"是不是排版排错了?应该是嫁鸡随鸡吧?

作者回答:排版错误,我写的是"随鸡随狗"。意思就是"嫁鸡随鸡""嫁狗随狗",只不过简洁一些。

例 4

译者提问:第 284 页的"命是什么",这里的"命"指的是命运吧?

作者回答:是的,命运。其实,在中国的阴阳学说里,"命"和"运"是两个不同的东西。不过,那个太复杂了,英语里也许没有那样的单词,你翻译成"命运"就好。

此外,葛氏夫妇在完成译文之后,将译稿交给编辑审核,编辑会针对译文提出各种各样的疑问,有的甚至是他们也无法解答的,此时就又要求助于作者。例如,葛浩文(2019)曾提到他们合译的一部台湾小说,其中"罗白琇小姐在那当年还是青春无邪的年纪,早就瞧见了她父亲的神秘背影"这句话的翻译,让编辑疑惑不解,因为他们在翻译"神秘背影"时将其直译为"mysterious back",编辑问这位父亲的背影有何神秘之处,他们也答不上来,于是便又写信询问作者,再将作者的答复传达给编辑。另外,编辑还会针对译文的风格、结构等提出修改意见,有时甚至还要求他们对译文进行删减。此时葛浩文和林丽君也会联系作者,"把以编辑为代表的西方读者的观点带给作者"(李文静,2012),征求作者的意见。例如,两人在合译施叔青的《香港三部曲》时,编辑要求将原本长达 3 卷的内容删减为 1 卷,他们在删改过程中一直与作者保持密切联系,经过删改的版本最终也获得了作者的认可(许诗焱,2016)。正是基于与作者长期频繁的联系与沟通,葛浩文夫妇不仅赢得了作者的信任,还收获了与作者的友谊。

3.3 尽力配合编辑

葛浩文和林丽君与编辑、出版社之间的交涉也极为频繁,他们翻译文学作品时,除了自己去与作者接洽以获得翻译授权外,有时还会受到出版社的委托,因为出版社会依据海外读者和图书市场的需求,主动购买一些书籍的版权,再反向找到他们,委托他们翻译,毕飞宇的《青衣》和《玉米》这两部小说的译介就是在这种契机下促成的(骆萍,2015)。

夫妇二人将译文提交给编辑之后,又不可避免地要与编辑打交道,但是在编辑面前,他们并不是"百依百顺",而是"尽力配合",对于编辑提出的修改意见,也并非"全盘接受",对于能接受的,他们会积极配合编辑,例如,刘震云《手机》这部小说的翻译,编辑认为好的小说需要用开篇吸引读者,但这部小说的开头讲述的是三四十年前发生的事,这种回忆式的开头不足以吸引美国读者,于是葛浩文便听取了编辑的意见,在翻译的时候将小说第二章讲述的当下的故事调整到了开头。

但是,对于编辑一味英语化的改动,他们会质疑甚至反对(葛浩文等,2019),绝不会为了"取悦编辑"而"牺牲作品",反而还会"站在作者的立场与编辑据理力争"(李文静,2012)。例如,在《青衣》的原文中,面瓜在情浓时将筱燕秋称为"女儿",《玉米》中彭国梁和玉米以"哥哥""妹子"相称,葛浩文和林丽君在翻译的过程中,对这类称呼采取了直译的方式,但是在编辑看来,似有乱伦的迹象,这在西方语境中是无法接受的,于是编辑要求将这些字眼删除(吴赟,2013)。但是,葛氏夫妇从作者那里得知,小说里的人物普遍受教育程度不高,语言表达贫瘠,为了显示彼此的亲密程度,会借用此类称呼,虽然有些"辞不达意",但传达的情感却十分真实(李文静,2012;吴赟,2013),于是葛氏夫妇便向编辑解释,并经过他们的极力争取,保留了原来的译文,事后也并未出现有关乱伦意向的评论(李文静,2012)。除此之外,编辑还对葛氏夫妇合译的《推拿》译本提出删改意见,葛浩文便写信向作者毕飞宇征求意见,毕飞宇在回信中,肯定葛浩文的译本并表达了不想删改的意愿,于是葛浩文便多次与出版社协调,最终出版了未经删改的译本(许诗焱,2016)。

4 名副其实的"翻译匠人"

葛氏夫妇对待翻译事业精益求精,常常会为了追求某个细节的完美,愿意花费大量的时间和精力,例如《荒人手记》中提到一部英文电影里的一段歌词,是《梦幻骑士》的主题曲"追梦无悔"。在翻译的过程中,为了还原英文原文,他们还租了该电影的录像带,力图找到原文,来来回回地调整进度条,花了好些功夫才找到(葛浩文等,2019)。

但是两人的"匠人精神"更体现在彼此翻译合作模式的创新和突破上,两人的翻译合作不仅局限于将中国文学作品翻译成英文这种单一的模式,两人还曾合作完成了萧红《马伯乐》的翻译和续写。《马伯乐》是中国女作家萧红未完成的遗作,葛浩文研究萧红数年,为向萧红致敬,自己先是完成了《马伯乐》现有文字的英译,最后为了不给自己留遗憾或者说是为了弥补萧红的遗憾,又独自承担了这部小说的续写工作。续写完成后,葛浩文又要求妻子将他续写的部分回译成中文,最终林丽君翻译的续篇与萧红已完成的前篇组合在一起,完整版的《马伯乐》在中国出版,而葛浩文翻译的部分与自己续写的部分也组合在一起,以完整版的《马伯乐》英译本(Ma Bo'le's Second Life)在国外出版,两人的此番合作可谓中国文学翻译事业中的突破性创举,完整版的《马伯乐》及其英译本在国内外收获了广泛的关注。在此之前,《马伯乐》在萧红作品序列中处于特殊地位,而正是葛浩文和妻子林丽君的努力,使得这部作品不仅在英语世界"获得后起的生命",而且在中国读者中"进一步延续了生命"(孙会军,2019)。

由此不难看出,葛氏夫妇具备"匠人精神",这种"匠人精神"的背后是他们作为译者的道德和责任,是他们对中国文学的诚挚热爱,是他们为推介中国文学付出的心血和不懈努力。

5 结语

本文聚焦于葛浩文、林丽君夫妇的合译经历,两人的合译经历不仅展现出彼此的默契程度,还表现出两人忠实可靠的品质和匠人精神,生动地勾勒出中外合作翻译的理想模式,为中国文学"走出去"的战略目标提供了宝贵经验:中国文学对外的译介离不开译者间的配合以及与其他主体(读者、作者、编辑)间的沟通协调,更离不开愿意为翻译和推介中国文学付出挚爱、心血,而且无怨无悔的优秀译者(孙会军,2019)。

尽管如此,本文主要从译者的主观角度出发,探索葛氏夫妇合译作品成功背后的因素,但其他客观因素尚未涉及,例如葛氏夫妇作为资深教授,在国外课堂上传播中国文化、介绍中国文学的经历,此外,他们与国外"文学代理人"[②]间的友好往来也极有可能提升他们的译作在国外传播的效率,助推译作在国外的广泛传播,因此,相关方面的研究仍需进一步拓展。

注释:

[①] 合作翻译是指两名及以上译者共同参与同一翻译任务并合作完成的工作模式。从广义上看,合作翻译大致可分为两种情况:一是国内合作;二是跨国合作。前者可进一步细分为本国人员小规模的合作和大规模的合作,小规模合作通常是指两三名译者参与其中,"取长补短,共同翻译一部汉籍",大规模合作通常涉及的译员人数较多,这些译员"集体讨论翻译,或集体分工翻译"(马祖毅,任容珍,1997)。跨国合作同样涉及两种情况:

其一,"以英语为母语却不懂汉语的英语译者"和以汉语为母语的译者间的合作;其二,"合作双方都是双语人(bilingual)的跨国合作",即所涉及的"合作双方分别以汉语或英语为母语,同时对自己所从事翻译工作的工作语言也比较熟悉"(乔令先,2015)。

②在欧美图书市场,文学代理人是出版业链条上的重要一环,是作家和出版社的中间人。文学代理人扮演着"守门人"的角色,通常文学代理人通过通读后判断某部作品是否有出版价值,再将好的作品送给出版社。对于出版社来说,文学代理人节省了他们通读稿件的时间与费用。对于作家来说,有了文学代理人,他们就省去了与出版社交涉的环节,从而能潜心创作。

参 考 文 献

[1] Bi Feiyu. Three sisters[M]. Translated by Howard Goldblatt and Sylvia Li-chun Lin. Boston:Houghton Mifflin Harcourt,2010.

[2] Stalling J. The voice of the translator:An interview with Howard Goldblatt[J]. Translation Review,2014,88(1):1-12.

[3] 鲍晓英.中国文化"走出去"之译介模式探索——中国外文局副局长兼总编辑黄友义访谈录[J].中国翻译,2013,34(5):62-65.

[4] 毕飞宇.推拿[M].北京:人民文学出版社,2011.

[5] 毕飞宇.玉米[M].北京:人民文学出版社,2013.

[6] 陈晓倩,权继振.目的论视角下葛浩文夫妇粗俗语翻译探析——以《玉米》及其英译本为例[J].湖北经济学院学报(人文社会科学版),2018,15(3):118-120,123.

[7] 董璐,蓝红军.中国文学外译研究新探:《中国文学:新时期的译介与传播——"熊猫丛书"英译中国文学研究》评述[J].东方翻译,2021,4(1):91-95.

[8] 葛浩文,林丽君,姜智芹.翻译不是一人完成的[J].南方文坛,2019(2):36-39.

[9] 耿强.中国文学:新时期的译介与传播——"熊猫丛书"英译中国文学研究[M].天津:南开大学出版社,2019.

[10] 胡安江.中国文学"走出去"之译者模式及翻译策略研究——以美国汉学家葛浩文为例[J].中国翻译,2010,31(6):10-16,92.

[11] 季进.葛浩文 vs. 林丽君:翻译不是一人完成的[EB/OL].中国作家网.[2019-04-25].http://www.chinawriter.com.cn/n1/2019/0425/c405057-31049516.html.

[12] 李文静.中国文学英译的合作、协商与文化传播——汉英翻译家葛浩文与林丽君访谈录[J].中国翻译,2012,33(1):57-60.

[13]刘立壹.谈中国的合作翻译[J].中国外语,2012,9(4):89-93.

[14]刘小乐.葛浩文与蓝诗玲翻译观比较研究[J].洛阳理工学院学报(社会科学版),2015,30(3):11-14.

[15]骆萍.中国当代文学英译与出版路径探索——以毕飞宇《青衣》与《玉米》英译出版为例[J].科技与出版,2015(8):118-120.

[16]吕敏宏.中国现当代小说在英语世界传播的背景、现状及译介模式[J].小说评论,2011(5):4-12.

[17]马祖毅,任荣珍.《汉籍外译史》[M].武汉:湖北教育出版社,1997.

[18]乔令先."文化走出去"背景下的汉英合作翻译研究[J].学术界,2015,4(2):142-148,327.

[19]邵霞.贾平凹长篇小说的民俗英译研究[J].商洛学院学报,2017,31(3):38-42.

[20]孙会军."马伯乐"的前世今生——萧红小说《马伯乐》的翻译、续书与续译[J].中国翻译,2019,40(3):86-95,189-190.

[21]吴赟.西方视野下的毕飞宇小说——《青衣》与《玉米》在英语世界的译介[J].学术论坛,2013,36(4):93-98.

[22]许诗焱.葛浩文翻译再审视——基于翻译过程的评价视角[J].中国翻译,2016,37(5):88-92.

[23]许诗焱,许多.译者-作者互动与翻译过程——基于葛浩文翻译档案的分析[J].外语教学与研究,2018,50(03):441-450,481.

[24]许诗焱,张杰.21世纪文学翻译研究的三大转向:认知·过程·方法[J].江苏社会科学,2020,4(3):159-166,243.

[25]于虹.译介学与中国现当代文学在美国的翻译与传播[J].外语学刊,2021,4(2):112-115.

[26]朱玉彬,陈晓倩.翻译中可变之"门"——《荒人手记》及其英译本的伴生文本[J].学术界,2015,201(2):149-158.

[27]朱振武.文学外译,道阻且长[EB/OL].社会科学报[2020-05-07].http://shekebao.com.cn/detail/6/18892.

通信地址: 210000 南京师范大学外国语学院
洪淑婷(elenahong1998@163.com)

国际化背景下的翻译研究
——基于近十年国内外译学核心期刊论文的计量分析

华中科技大学外国语学院　鲁凯莉

摘　要：21世纪以来,中国翻译研究发展迅速,成绩显著,翻译学科得以建立,中国译学研究也逐渐与国际接轨。本文以中国11种外语类核心期刊以及Web of Science数据库收录的14种翻译类SSCI和A&HCI期刊近十年(2011—2020)刊登的翻译学研究文献为数据来源,借助CiteSpace软件,采用文献计量等方法对国内外翻译研究成果发表路径、高产作者、研究热点及趋势进行了对比分析,发现近十年来我国翻译研究发文量整体上升,译学研究百花齐放,高产学者在国际翻译学中占有一席之地,研究主题既与国际接轨,又具有中国特色,但与国际翻译研究仍存在一定差距。新形势下,我国翻译研究应丰富选题,拓宽方法,加强学科建设,加强国际合作,以进一步推进中国译学走向世界。

关键词：翻译研究；国际化；计量分析；文献综述

Translation Research in the Era of Internationalization
—Bibliometric Analysis of Papers in Journals from CSSCI, SSCI and A&HCI (2011-2020)

Abstract: Since the 21st century, translation studies in China have developed unprecedentedly with the establishment of translation studies as an independent discipline and more internationally oriented translation research. Based on translation studies published in eleven CSSCI journals of foreign languages and fourteen SSCI and A&HCI journals of translatology over the last decade, this paper compared and analyzed publication paths, prolific scholars, hotspots and trends of translation research both at home and abroad from a bibliometric perspective, with the help of CiteSpace. The results indicate that over the past decade translation studies in China are diversified and the number of published papers shows a general upward trend. Chinese prolific scholars have also taken their place in international translation studies. Moreover, translation research topics are both internationally oriented and with Chinese characteristics. However, there is still a certain gap to catch up with international colleagues. Under the new situation, Chinese translation scholars should enrich research topics, widen research methods, strengthen discipline construction and enhance international cooperation so as to further promote the internationalization of Chinese translation studies.

Key words: translation studies; internationalization; bibliometric analysis; literature review

1 引言

1972年,霍尔姆斯《翻译研究的名与实》(The Name and Nature of Translation Studies)的发表标志着现代意义上翻译学的开始(Gentzler,2001)。此后,相关翻译学者纷纷著书立说,翻译研究机构不断设立,西方译学界经历了翻译研究的高潮时期,翻译学学科也逐渐获得相对独立的地位。自1987年中国翻译研究共同体建立以来,我国翻译研究者也一直致力于发出自己的声音,相关研究不断涌现,学术观点百花齐放,翻译研究成绩显著,我国翻译学日臻成熟。厘清国内外翻译学研究的发展趋势,挖掘探索翻译研究前沿与热点,能揭示国内外翻译研究的发展轨迹、特征和规律。通过对比我国翻译研究和国际翻译研究,我们可以充分认识到我国翻译学在全球的定位,帮助中国学者掌握本领域的研究动态、少走弯路,从而加速我国翻译研究的国际化进程。因此,本文借助CiteSpace文献计量学方法,对近十年(2011—2020年)国内外翻译学核心期刊的发文路径、研究领域及其联系进行定量和定性考察,并尝试提出新形势下翻译研究成果国际化的实施建议,以期为我国的翻译研究提供参考和借鉴。

2 数据来源与研究方法

本研究选取的国内数据来自CSSCI中文社会科学引文索引收录的11种外语类核心期刊(不包含扩展版),包括《中国翻译》《上海翻译》《中国外语》《外语界》《外国语》《现代外语》《外语教学》《外语电化教学》《外语教学理论与实践》《外语教学与研究》和《外语与外语教学》,选取翻译研究栏目中的文章,并以"翻译""口译""笔译"等为主题词,检索时间跨度为2011—2020年,剔除会议综述、通知、公告、目录、征稿等不相关的文献后,最终得到有效文献3195篇。本研究使用的国外数据来自2019年Web of Science下属的社会科学引文索引(SSCI)、艺术和人文科学引文索引(A&HCI)数据库收录的14种国际翻译学研究权威期刊:*Across Languages and Cultures*,*Interpreting*,*Translation Studies*,*Translator*,*Journal of Specialised Translation*,*Interpreter and Translator Trainer*,*Perspectives*,*Target*,*Babel*,*Translation and Interpreting Studies*,*Linguistica Antverpiensia New Series—Themes in Translation Studies*(LANS-TTS),*Meta*,*Translation Review*,*Translation and Literature*。检索时间及主题词同CSSCI,筛除不相关文献后得到3507篇文献。上述数据最后更新时间为2020年12月31日。

确定了数据之后,笔者将这些文献中包含标题、作者、发表年份、发表期刊、关键词、摘要和参考文献等在内的题录信息下载保存,对文献数据进行计量分析,并借助CiteSpace

软件及 Web of Science 可视化功能对其进行聚类分析和可视化分析。分析目的在于考察国内外翻译研究发文量、高产学者以及聚焦领域,以期推进中国翻译研究的国际化进程。

3 翻译研究成果发表路径

论文发表数量能从一定程度上反映国家或个人的科研能力,因此下文考察了近十年国内外翻译研究论文发表数量。此外,哪些学者走在翻译研究领域的前沿也值得关注,鉴于此,笔者也统计了国内外翻译研究的高产学者,从而管窥我国翻译研究的一些问题。以下是 2011—2020 年间在国内外核心期刊发表的翻译研究论文情况。

3.1 国内外语类 CSSCI 期刊发文量及学者情况

2011—2020 年,外语类 C 刊翻译研究发文量如图 1 所示。

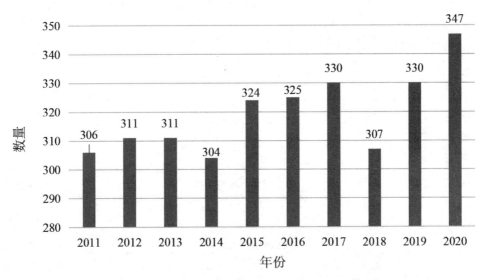

图 1　2011—2020 年外语类 C 刊翻译研究发文量

2011—2020 年,11 种外语类 C 刊登载翻译研究论文的情况如图 2 所示。

图 1 数据表明,2011—2020 年间,11 种外语类 C 刊一共登载翻译研究论文 3195 篇,年均发文量约 320 篇,且每年翻译研究论文发表数量都在 300 篇以上。从整体趋势来看,这十年来我国翻译研究发文量呈波动上升趋势,2020 年达到顶峰,这一年发表了 347 篇翻译研究论文。关于近十年每种期刊中翻译研究论文的发表情况,图 2 表明除了 2 本翻译学 CSSCI 期刊《中国翻译》和《上海翻译》之外,其他 9 本外语类 CSSCI 刊物中翻译研究发文量最多的是《外语教学》,为 289 篇,最少的是《现代外语》,发文量仅 14 篇。

表 1 展示了 2011—2020 年间外语类 CSSCI 期刊上排名前 15 位高产作者的发文数量情况。

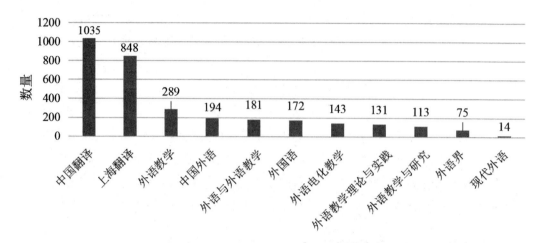

图 2　11 种外语类 C 刊近十年登载翻译研究论文情况

表 1　中国学者在外语类 C 刊上发文数量排名（2011—2020 年）

排名	作者姓名	所属机构	发文量
1	穆雷	广东外语外贸大学	26
2	蓝红军	广东外语外贸大学	20
3	胡庚申	清华大学	19
3	王东风	中山大学	19
5	方梦之	上海大学	18
6	刘云虹	南京大学	17
6	张威	北京外国语大学	17
8	黄忠廉	广东外语外贸大学	16
9	王斌华	利兹大学	15
10	蔡新乐	深圳大学	14
10	陈小慰	福州大学	14
10	胡开宝	上海外国语大学	14
10	廖七一	四川外国语大学	14
10	吴赟	同济大学	14
10	周领顺	扬州大学	14

其中来自广东外语外贸大学的穆雷位居榜首，值得一提的是，这 15 位高产学者中有 3 位都来自广东外语外贸大学，成绩斐然，这一结果也与 CiteSpace 绘制的国内翻译研究机构共现网络知识图谱相吻合。运行 CiteSpace，设置时间跨度为 2011—2020，时间切片为 1 年，节点类型为机构，从生成的图谱中可以发现，广东外语外贸大学节点最大，其次是

北京外国语大学和上海外国语大学,节点数越大,表明发文量越多,由此说明这些机构近十年在我国翻译研究中学术科研力量较强。此外,这 15 名学者来自 13 个不同的机构,体现出了丰富性和多样性,表明我国译学研究呈现出百花齐放的局面。

3.2 国际 SSCI 和 A&HCI 期刊发文量及中国学者发文情况

2011—2020 年,SSCI 及 A&HCI 期刊翻译研究发文量如图 3 所示。

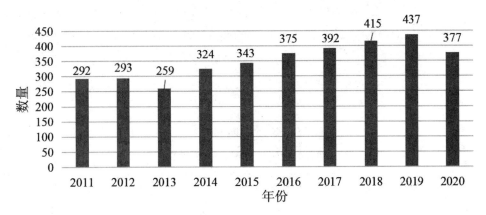

图 3　2011—2020 年 14 种 SSCI 及 A&HCI 期刊翻译研究发文量

2011—2020 年,14 种 SSCI 及 A&HCI 期刊登载翻译研究论文的情况如图 4 所示。

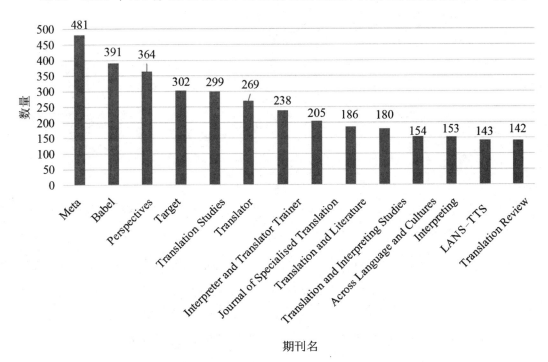

图 4　14 种 SSCI 及 A&HCI 期刊近十年登载翻译研究论文情况

2011—2020年间,14种SSCI及A&HCI期刊共发表翻译研究论文3507篇,年均发文量约351篇。图3统计数据表明,除2013年和2020年有所下降之外,近十年国际翻译研究论文发表数量整体呈上升趋势,2019年以437篇达到顶峰。但值得注意的是,2020年SSCI及A&HCI期刊发表的翻译研究论文与2019年相比少了60篇,这表明在经历了之前的发展之后,国际翻译研究亟待寻求新的研究热点。从图4近十年每种SSCI及A&HCI期刊中翻译研究论文的登载情况来看,*Meta* 以近十年共刊登481篇翻译研究论文位居榜首,远超其他期刊。其次是 *Babel* 和 *Perspectives*,二者近十年登载的翻译研究论文数量均超过350篇。这或许与这3种刊物的刊期短有一定关系。近十年刊登翻译研究论文最少的国际期刊是 *Linguistica Antverpiensia New Series—Themes in Translation Studies*(LANS-TTS)和 *Translation Review*,它们的登载数量都不到 *Meta* 的三分之一。

表2展示了2011—2020年间国际翻译学期刊上排名前12位学者的发文数量情况。

表2 国际翻译学期刊高产作者排名(2011—2020年)

排名	作者	发文量
1	Roberto A. Valdeon	21
2	Han Chao(韩超)	16
2	Anthony Pym	16
4	Xu Mingwu(许明武)	15
5	Haidee Kruger	13
5	Christian Olalla-Soler	13
5	Aline Remael	13
8	Andrew Chesterman	12
8	Bart Defrancq	12
8	Julie McDonough Dolmaya	12
8	Daniel Gile	12
8	Li Xiangdong(李向东)	12

其中西班牙学者 Roberto A. Valdeon 在这十年期间一共在国际翻译学期刊上发表了21篇文章,是近十年国际译学期刊最高产的学者。在前12位高产学者中,有三名来自中国,分别是韩超、许明武和李向东,这三名学者近十年的发文总量(43篇)约占前12位高产学者发文量(167篇)的25.75%,这表明近年来中国研究者越来越关注自身成果的国际化。

2011—2020年,中国学者在14种翻译学SSCI及A&HCI期刊发表的文章数量如

图 5 所示。2011—2020 年间,14 种翻译类 SSCI 及 A&HCI 期刊中,中国学者共发表翻译研究文章 494 篇,约占十年来这些期刊发表的翻译研究发文总量的 14.1%,年均发文量约 49 篇。从发文趋势来看,除了 2013 年略有下降之外,近十年中国学者在国际翻译学期刊的发文数量整体呈上升趋势,且近五年增长较为迅速,自 2017 年以来,每年发文量都超过了 60 篇,远高于近十年年均发文量,由此可见,近年来我国翻译研究国际化进程发展较为迅速。

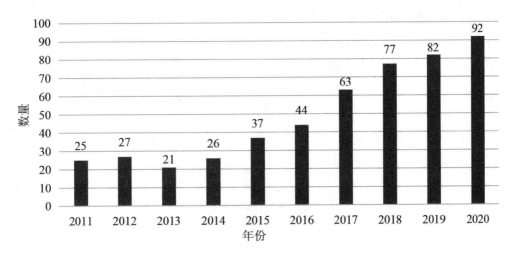

图 5 2011—2020 年 14 种翻译学 SSCI 及 A&HCI 期刊中国学者发表的文章数量统计

3.3 翻译研究国际化的必经之路

从以上结果看,2011—2020 年期间,我国翻译研究论文发表数量整体呈波动上升趋势,译学研究呈现百花齐放的局面,中国研究者也越来越关注自身成果的国际化,我国翻译研究国际化进程发展较为迅速,中国学者已渐入国际译学主流阵地(方梦之,袁丽梅,2017)。然而从发文量看,2011—2020 年间的大多数年份,我国核心期刊发表的翻译研究论文数量均低于国际翻译研究发文量,我国高产学者与国际高产学者之间也有一定差距,中国翻译研究的国际化道路仍然任重道远。另外值得注意的是,这十年间我国核心期刊翻译研究发文量(3195 篇)少于国际译学核心期刊发文量(3507 篇)。与高产学者相比,国内新学者在我国核心期刊上发表研究成果相对更困难,而我国众多翻译研究者的发文需求与国内外语类核心期刊有限的发表载体之间的冲突会促使中国学者寻求新路径,向国际期刊投稿,从而向世界推介中国翻译的研究成果,促进中国译学界更好地与国际接轨。

当前中国文化"走出去"已上升为国家战略,党的十八大以来,习总书记提出"讲好中国故事,传播好中国声音,展示真实、立体、全面的中国""创新对外宣传方式,加强话语体系建设,着力打造融通中外的新概念新范畴新表述"等理念和要求,一定程度上为我国翻译研究指明了方向。翻译学是一门跨文化的学科,中国翻译学者理应与国际接轨,主动承担起向世界传播中华文化的重任,而除了外译中华典籍作品之外,中国学者在国际期刊上发表文章从而让中华学术"走出去"也不失为一条途径。

事实上,当前中国译学研究需要走向世界已成为各方共识。朱纯深(2000)认为中国译学想要获得长久的生命力,就必须走向世界,与国际译学体系积极互动。王宁(2012)指出,在一个全球化的语境下讨论中国的翻译研究,要着眼于这一学科的国际化。侯羽、杨金丹(2016)也提出中国译学研究成果"走出去"有利于提高中国译学研究的国际影响力,进而增强中国译界的国际话语权,同时也是中国译学研究发展的必然要求。然而,目前汉语只是一种"less-translated language"(Zhu,2004),英语才是世界通用语,赵刚、姜亚军(2007)提出中国学者只有尽可能多地将自己的译学研究成果用英文写出来,在国际性翻译研究刊物上发表或在国际会议上交流,才能引起国际译界的关注,进而增强中国译界的国际话语权,中国译学研究才能真正走向世界。

因此,一方面,当前国内翻译研究文章发表载体有限且难度较大的现状自然会促使我国学者向国际期刊投稿,推进翻译研究的国际化。另一方面,中国译学"走出去"也符合国家战略要求,并已成为诸多学者的共识。由此可见,翻译研究国际化已成为我国翻译学发展的必经之路。中国翻译学者应尽可能在国际期刊发表研究成果,在国际会议上交流观点,让中国译学走向世界,从而在多样的世界文化中发扬中华文化。

4 国内外翻译研究热点及联系

"某一领域的研究热点是指在一个具体时间维度内,有着内在关联、一定数量的论文所集中探讨的科研问题,代表这个领域在一段时间内最先进、最新、最有发展潜力的研究主题,对洞悉这个学科的发展趋势及变化情况起到举足轻重的作用。"(金胜昔,林正军,2016)"关键词是对文章内容的高度概括和提炼"(王峰,陈文,2017),某一领域出现频率较高的关键词能够反映这一领域的研究热点。因此,为了探究国内外翻译学研究的聚焦领域,本研究运用 CiteSpace 软件提取了 2011—2020 年间国内外翻译研究的高频关键词并分析了国内外研究的异同点,以期为国内翻译学者更有针对性地开展相关研究提供些许借鉴。

4.1 近 10 年国内翻译研究热点及趋势

将国内核心期刊 2011—2020 年间的翻译研究数据导入 CiteSpace,设置节点类型为关键词,其他参数与机构参数相同,采用寻径算法(pathfinder)运行 CiteSpace,排除"翻译"和"翻译研究"等较为宽泛的关键词后,得到国内翻译研究前十位关键词:翻译教学、翻译策略、语料库、文学翻译、翻译能力、翻译批评、口译研究、译者、口译教学、生态翻译学。

这些关键词体现了我国学者对翻译教学、翻译方法与策略、语料库翻译学等课题的重视。CiteSpace关键词聚类分析结果也证实了这一点:在CiteSpace关键词知识网络图谱的基础上,采用LLR算法,能得到关键词聚类网络图谱,在此基础上在运行Cluster Explorer,能得到关键词共现网络聚类表(见表3)。从表3可以看出,2011—2020年间,我国学者翻译研究热点可以归为八个聚类,每个聚类都有明确的主题。这些聚类体现了计算机辅助翻译(李俊,2020)、翻译教学(吴耀武,2020)、译者培养(朱一凡,杨金波,杨小虎,2016)、翻译理论(刘红华,黄勤,2016;黄勤,谢攀,2018,2019)、中国文学外译(许明武,赵春龙,2018;刘云虹,2019)、翻译方法与策略(文军,陈梅,2016)等主题是我国翻译学者关注的热点。

表3 国内CSSCI期刊翻译研究关键词共现网络聚类表

聚类号	聚类大小	标签词(选取前5个)
0	57	语料库;口译研究;多模态;视译;译者风格
1	56	翻译;译出;阴阳之道;翻译人才;python
2	53	翻译批评;翻译学;衔接;连贯;翻译话语
3	52	翻译教学;计算机辅助翻译;课程设置;MTI;培养模式
4	41	互文性;莫言;译者主体性;理据;生态翻译学
5	41	翻译研究;译介;接受;中国文学;海外传播
6	32	严复;英译;达旨术;变译;翻译动机
7	30	翻译策略;语言能力;结构启动;学生译员;翻译方法

通过对近十年国内CSSCI期刊发表的翻译研究文章中的关键词时序进行分析,可以发现近年来出现了一些新的关键词,如"一带一路""人工智能""中国特色对外话语体系"等,2020年"新冠肺炎疫情"也作为关键词出现在我国学者的翻译研究中。此外,"传播""口译""典籍英译""机器翻译"等关键词出现的频率也越来越高。这些结果反映了我国学者积极响应"中华文化走出去"和"加强国际传播能力和对外话语体系建设"等国家战略要求,典籍翻译及传播和国家对外话语体系的译介等主题成为我国学者新的研究热点,如近年来许明武等(2017,2018)对我国科技典籍翻译及中华文化西传进行了大量研究并发表了诸多研究成果;吴赟(2020)厘清了中国特色对外话语体系的内涵,并阐释了中国特色对外话语体系的译介与传播的概念构成、核心要素、操作框架和实践应用,为中国对外话语能力提升和国家形象构建研究提供了有效借鉴。信息技术的飞速发展也让中国学者更加关注计算机辅助翻译(李俊,2020)等领域,逐渐与国际接轨。同时,2020年新冠肺炎疫情的暴发也让我国翻译学者积极担负起翻译及应急语言服务的责任,开始探索相关表达的翻译以及疫情背景下的翻译教学(吴耀武,2020)。这些现象都表明我国的翻译研究正在紧跟社会现实需求。

4.2 近十年国外翻译研究热点及趋势

将国际 SSCI 和 A&HCI 期刊近十年翻译研究数据导入 CiteSpace 并对文献去重,其他参数设置与国内关键词及其共现网络聚类参数相同,排除"translation""English"等较为宽泛的关键词后,得到国际翻译研究前 10 位的关键词为:audiovisual translation, literary translation, subtitling, translator training, ideology, interpreting, competence, machine translation, dubbing, censorship。这些关键词体现了国际翻译学者对视听翻译、文学翻译、电影翻译、译员培训、翻译与意识形态、机器翻译等课题的重视。从表 4 国际 SSCI 及 A&HCI 期刊翻译研究关键词共现网络聚类表可以看出近十年国际翻译研究热点可以归为 10 个聚类,这些聚类体现了专门用途翻译、文学翻译、口译研究、译员培训、翻译评估、计算机辅助翻译等主题是国际翻译学者关注的热点。与国内 CSSCI 期刊翻译研究关键词不同的是,国际 SSCI 及 A&HCI 期刊中的翻译研究关键词更加明确具体的翻译领域,如视听翻译、字幕翻译、配音等。国际期刊也更加重视翻译能力和译员培训,这或许是受译员培训专门期刊 *Interpreter and Translator Trainer* 的影响。

表 4 国际 SSCI 及 A&HCI 期刊翻译研究关键词共现网络聚类表

聚类号	聚类大小	标签词(选取前 5 个)
0	51	dubbing;subtitling;audiovisual translation;acceptability;scientific discourse
1	48	simultaneous interpreting;sight translation;bilingualism;cognitive load;less-translated languages
2	45	crowdsourcing;translation curriculum;translation competence;employability;machine translation
3	43	humor;multilingualism;translation theory;postcolonialism;Greek
4	42	interference;contrastive linguistics;translation universals;explicitation;corpus
5	35	validity;reliability;interpreter training;dialogue interpreting;conference interpreting
6	33	national allegory;word-formation;language brokering;genre;think-aloud protocols
7	32	foreignization;domestication;hermeneutics;medieval;welsh
8	29	assessment;Russia;online media;summative assessment;formative assessment

续表

聚类号	聚类大小	标签词（选取前5个）
9	12	interdisciplinarity; narrative theory; empirical research; appraisal approach; critical metaphor analysis
10	7	translation memory; machine translation; computer-aided translation; terminology management system; mt-assisted translation

对近十年国际期刊翻译研究中的关键词时序进行分析，考察历年关键词数量变化，可以发现近年来"视听翻译"（Sierra, Jose, 2016）成为国际翻译研究中新的关键词，并且超过"文学翻译"（Liang, Xu, 2018）成为出现频次最高的词语，是国际翻译研究的新生焦点。究其原因，新世纪电视频道及节目的倍增、电影业的繁荣、网络的发展都为这一研究领域的发展和成熟创造了条件（Remael, 2012）。而随着发达国家大力倡导媒体无障碍传播并规范相关立法，针对听障人群的字幕翻译及视障人群的声音描述正成为视听翻译领域的重要主题（Benecke, 2004; Remael, 2012）。1995—2015 年国际期刊翻译研究前 10 位关键词中并没有"机器翻译"（王峰, 2017），然而近年来这一关键词出现的频率越来越高，成功成为 2011—2020 年国际翻译研究前 10 位关键词，这表明随着科技的发展，国际翻译研究领域不断拓宽，专门用途翻译和计算机辅助翻译（Rodriguez-Castro, 2018）得到较快发展。同时，"社会学"（Tyulenev, 2014）等新关键词的出现表明国际翻译研究的跨学科趋势也越来越明显。

4.3 国内外翻译研究的异同

对比近十年国内外翻译研究关键词及其聚类情况可以发现，国内外翻译研究存在一些相同的关键词及标签词，如"文学翻译""口译""机器翻译"等，反映了文学翻译、口译研究、计算机辅助翻译、语料库翻译学以及翻译批评是国内外翻译学者共同关注的研究领域。

虽然我国的翻译研究包含了近年来国际译学界关注的话题，但值得注意的是，国内关键词如"口译研究"等比较笼统，而国外翻译研究的关键词及标签词则更加具体，表明国际翻译研究关注的领域更加细化，如视听翻译、字幕翻译、配音、声音描述、法律翻译、对话口译等。"译员培训"在国外翻译研究的关键词和标签词中都比较靠前，说明国际翻译学者更加重视译员培训方法和模式这一主题，这或许是受译员培训专门期刊 *Interpreter and Translator Trainer* 的影响。此外，以"翻译评估"和"意识形态"为主题的研究也更受国际翻译学者青睐。

"翻译教学""翻译策略""课程设置""培养模式""学生译员"等词的频繁出现表明我国

翻译学者对翻译教学和翻译策略的关注度较国际翻译同行更高。而聚类标签词如"接受""中国文学""海外传播",以及近年来新出现的"一带一路""典籍英译"等关键词表明,除了在具有普适意义的翻译学研究之外,我国学者还积极响应国家战略要求,擅长将中国经典文本外译作为研究对象或以具有中国特色的现象为视角开展研究。令人欣喜的是,除了在国际翻译学者普遍关注的领域如文学翻译等开展研究之外,我国学者还立足本土需求,提出了变译学、生态翻译学等具有中国特色的翻译理论。

在研究方法上,中国学者的文章大多属于定性研究,而"信度""效度"等关键词表明国际学者更加注重基于统计数据或调查结果开展定量研究。从研究视角来看,国际翻译学者也更加重视从跨学科角度开展翻译研究,如社会学、叙事学等。

5 新形势下翻译研究成果国际化实施

通过以上对国内外核心期刊翻译研究发文量、高产作者、研究热点、趋势的数据统计和比较分析可以发现,近十年我国的翻译研究在迈向国际化的道路上已取得可观的成绩,但是和国际翻译学相比,中国译学的"走出去"进程仍然存在一些可改进之处。我们将从选题、研究方法、学科建设和国际交流四个方面来探讨中国译学界努力的方向,从而推进中国翻译研究的国际化进程。

5.1 丰富选题

在翻译研究选题方面,中国翻译研究者可以选取我国学者之前涉及较少,但国际译界又比较关注的领域作为研究主题,如视听翻译、字幕翻译或声音描述、口译培训、翻译评估、翻译社会学、认知与翻译研究认同、翻译技术等(张政,王克非,2017)。在当前网络与信息化的时代,计算机辅助翻译、云计算、语音识别等人工智能新技术也能为我国翻译研究者提供广阔的开拓空间。此外,翻译与意识形态关系的研究在我国也有待进一步加强。同时,正如刘立胜(2017)指出,国内译学研究需要回归中国传统翻译文化,与西方学界展开交流对话,我国学者也可以选取中华优秀传统文化典籍或具有中国特色的题材作为研究主题,如《毛泽东选集》《习近平谈治国理政》等,向世界传播中华文化。

关于翻译理论的研究,许多中国学者倾向于译介或者验证西方翻译理论,如操控论、关联理论、系统功能语法等,对其进行质疑甚至发展的却很少。不可否认,中国翻译研究新局面的出现很大程度上得益于我国学者对西方翻译理论的引介(何刚强,2015),但是这也反映了我国翻译研究者缺乏创新意识和对我国翻译理论的关注。虽然当前我国的翻译学研究取得了可观成绩,但中国译学在当今世界译坛仍处于边缘地位(赵刚,姜亚军,2007),要改变这种状况,需要我国学者加强推广中国翻译学理论,发展"根植于中国文化的翻译思想,如朱生豪的'神韵'、许渊冲的'竞赛论'、汪榕培的'传神达意'等"(张汨,2019)。同时也要增强创新意识,对待西方翻译理论要有批判性思维,在此基础上创立自己的学说。正如张政、王克非(2017)指出,中国译学理论要真正实现创新,更要立足我国传统文史哲理论,构建具有中国特色的翻译理论。事实上,经过三十年来对国外翻译理论的引介,当前我们应该有相当的理论自信进一步推进中国的翻译理论(何刚强,2015)。

5.1　拓宽研究方法

通过对比国内外翻译研究采用的方法可以发现,中国学者的文章更多以定性研究为主,但国际翻译学者更加注重基于统计数据或调查结果开展定量研究。因此,我国翻译研究者应丰富研究方法,加强实证考察及微观分析,选取定量研究、实证研究、语料库研究等方法使我国的翻译研究方法体系更科学多样,为推进我国翻译研究的深入发展提供更多可能。

翻译研究应被视作跨学科的研究领域,这一点在翻译学界已基本形成共识(何刚强,2015),如许钧、穆雷(2009)指出,翻译研究不能仅把目光局限于翻译本身,还要放眼于相关学科的发展。翻译学必须不断吸取其他相关学科的理论资源,并力求对相关学科产生影响。对国内外翻译研究的对比分析表明,国际翻译学者在从跨学科角度开展翻译研究方面比中国学者更胜一筹。今后我国学者应加强翻译研究与其他学科的互动,通过借鉴人文社会科学甚至自然科学的研究方法来丰富中国译学研究方法体系,探索并加强跨学科研究。

5.2　加强翻译学科建设

周明伟(2014)指出,翻译这一学科的独立性决定了它必须有自己的学科建设、基础教育和人才培育等规律性的东西,然而相对于外语教学而言,我国翻译学科的发展目前还处于起步阶段。穆雷(2018)提出在初步完成翻译学学科体制建设之后,应将学科建设的工作重点转移到学科内涵建设上来。要加强学科内涵建设,可以从调整学科布局,根据不同的学习阶段和培养目标制定差异化的翻译教学方法及评估体系出发。除此之外,还可以适当鼓励翻译学博士研究生用英文撰写博士毕业论文,提高学术英语写作能力,以便在国际期刊发表其研究成果。据穆雷、邹兵(2014)统计,1992—2013年中国内地翻译方向的博士论文中,用英文撰写的比例仅占3%。鼓励博士生用英文撰写毕业论文,不仅有利于国际化翻译人才的培养,也可提升学科人才素质,从而进一步加强学科建设。同时,各培养点应不断强化翻译学综合性、跨学科的学科性质,引导并增强我国翻译学者借鉴社会学、哲学、人类学、心理学等其他相关学科的方法与理论开展研究的意识。

5.3 加强国际合作,促进中西文化的交流与会通

翻译学是一门跨文化的学科,要想推进我国翻译研究的国际化进程,中西文化自然要交流会通,因此,加强跨文化交流与国际合作至关重要。国内相关高校及科研机构可以增加学术交流阵地,如举办译学会议,主动邀请国外译学专家、知名学者或国际核心期刊主编做讲座等,帮助国内学者了解国际译界最新动态,明确国际期刊的采稿题材特点、研究倾向、审稿流程及注意事项,提高我国学者的投稿成功率。此外,各机构也应该多鼓励学者出国访学,参加国际学术会议与讲座等,与国际学术界积极展开互动,以便及时了解国际译界动态,提高研究质量。要加强国际合作,除了鼓励中国学者与以英语为母语的学者开展合作研究之外,国内外各大高校也可通过合作办学的方式建立中国学者与英语国家之间的有益合作机制,把深化教育和研究相结合。

除了高校及科研机构之外,翻译学者作为翻译研究的主体,也应做出自己的努力。我国学者应主动与国际学术界积极展开互动,多与海外学者进行学术交流,借鉴其选题和研究方法,参考投稿经验,提高自身学术论文质量;或者尝试与英语为母语的学者合作,促进国际期刊编辑接受其投稿,为我国翻译研究的国际化进程贡献自己的力量。

6 结语

本文通过文献计量的方法对国内外翻译学核心期刊十年来(2011—2020 年)登载的翻译研究文章进行分析,考察这一领域的发文趋势、高产作者、研究热点和发展动向,从而回顾十年间我国翻译研究现状,并对我国翻译研究的国际化进程进行展望。分析结果反映了十年来我国翻译研究发文量整体上升,译学研究百花齐放,我国翻译学者也越来越关注自身成果的国际化,在国际翻译学中占有一席之地,但和国际翻译研究相比,我国的翻译研究仍存在一定差距。在今后的研究中,我国学者应丰富研究选题,在紧跟国际前沿的同时选取具有中国特色的题材作为主题,推广中国翻译学理论;拓宽研究方法,多用定量研究、实证研究、语料库研究等方法,加强跨学科研究;加强翻译学科建设,提升学科内涵;加强国际合作,促进中西文化的交流与会通,把深化教育和研究相结合。囿于篇幅,本文仅选择了 11 种外语类 CSSCI 期刊和 14 种翻译学 SSCI 及 A&HCI 期刊近十年收录的翻译研究文献作为研究对象,虽然有一定的权威性,但并不全面,后续相关研究可扩大考察范围,将更多期刊甚至专著纳入考察,以进一步提升中国翻译研究的国际化水平。

参 考 文 献

[1] Benecke B. Audio-Description[J]. Meta,2004,49(1):78-80.

[2] Gentzler E. Contemporary translation theories[M]. Bristol:Channel View Publications,2001.

[3] Huang Qin,Liu Furong. International translation studies from 2014 to 2018:A bibliometric analysis and its implications[J]. Translation Review,2019,105(1):34-57.

[4] Liang Linxin,Xu Mingwu. A comparative analysis of the reception of four English versions of fu sheng Liu Ji:Translation,publication and international circulation[J]. Translation Review,2018(101):30-37.

[5] Remael A. Audiovisual translation:Language transfer on screen[J]. Target-International Journal of Translation Studies,2012,24(1):141-145.

[6] Rodriguez-Castro M. An integrated curricular design for computer-assisted translation tools:Developing technical expertise [J]. Interpreter and Translator Trainer,2018,12(4):355-374.

[7] Sierra M,Jose J. The translation of the humor in audio visual texts pleasantries as prototypes[J]. Babel,2016,62(4):573-601.

[8] Tyulenev S. Translation as a social fact[J]. Translation and Interpreting Studies,2014,9(2):179-196.

[9] Zhu,C. Translation studies in China or Chinese-related translation studies:Defining Chinese translation studies[J]. Babel,2004,50(4):332-345.

[10] 方梦之,袁丽梅. 当今翻译研究的主要论题——四种国际译学期刊十年(2004—2014)考察[J]. 外语与翻译,2017,24(3):1-7,98.

[11] 何刚强. 自家有富矿,无须效贫儿——中国的翻译理论应当独树一帜之理据[J]. 上海翻译,2015(4):1-8.

[12] 侯羽,杨金丹. 中国译学研究成果"走出去"现状分析——基于华人学者在11个国际权威翻译期刊上发表英文文章的情况(2005～2013)[J]. 解放军外国语学院学报,2016,39(1):27-35.

[13] 黄勤,谢攀. 翻译场域中的资本较量对郭沫若翻译活动的影响[J]. 外语教学,2018,39(5):95-99.

[14] 黄勤,谢攀. 以亲善之态促《边城》西行——译者的他者文化态度对其翻译行为的影响[J]. 中国翻译,2019,40(5):64-71,189.

[15] 金胜昔,林正军.国内翻译认知研究的文献计量分析[J].外语教学,2016,37(5):96-101.

[16] 李俊.计算机翻译辅助技术在同传中的应用及对同传生态系统的影响[J].中国翻译,2020,41(4):127-132.

[17] 刘红华,黄勤.论沙博理《小二黑结婚》英译本中的叙事建构[J].外语与外语教学,2016(3):129-135,148-149.

[18] 刘孔喜,许明武.《传习录》英译史与阳明学西传[J].中国翻译,2018,39(4):28-35.

[19] 刘立胜.新时期中国译学的国际化现状研究——基于国外七种权威译学期刊的统计分析[J].上海翻译,2017(2):51-57,94.

[20] 刘云虹.关于新时期中国文学外译评价的几个问题[J].中国外语,2019,16(5):103-111.

[21] 穆雷,邹兵.中国翻译学研究现状的文献计量分析(1992—2013)——对两岸四地近700篇博士论文的考察[J].中国翻译,2014,35(2):14-20,127.

[21] 穆雷.翻译学学科建设的探索[J].中国翻译,2018,39(6):9-11.

[23] 王峰,陈文.国内外翻译研究热点与趋势——基于译学核心期刊的知识图谱分析[J].外语教学,2017,38(4):83-88.

[24] 王宁.超越"文化转向":翻译研究的国际化[J].中国翻译,2012,33(4):12-13.

[25] 文军,陈梅.汉语古诗英译策略体系研究[J].中国翻译,2016,37(6):92-98.

[26] 吴耀武.疫情背景下的翻译教学改革与学科创新发展[J].中国翻译,2020,41(6):61-65.

[27] 吴赟.中国特色对外话语体系译介与传播研究:概念、框架与实践[J].外语界,2020(6):2-11.

[28] 许钧,穆雷.中国翻译研究:1949—2009[M].上海:上海外语教育出版社,2009.

[29] 许明武,王烟朦.中国科技典籍英译研究(1997—2016):成绩、问题与建议[J].中国外语,2017,14(2):96-103.

[30] 许明武,赵春龙."一带一路"背景下国内少数民族语文翻译研究热点述评——兼论其民译、汉译与外译研究融合路径[J].外语电化教学,2018(6):58-64.

[31] 张汨.中国翻译研究国际化30年:回顾与展望[J].西安外国语大学学报,2019,27(4):86-90.

[32] 张政,王克非.翻译研究:现状与未来——记"首届翻译学国际前沿课题高端研讨会[J].中国翻译,2017,38(2):75-78.

[33] 赵刚,姜亚军. 中国译学研究的国际化——华人学者在国际翻译研究刊物上发表论文的调查及启示[J]. 国外外语教学,2007(4):46-52.

[34] 周明伟. 建设国际化翻译人才队伍,推动中国文化走出去[J]. 中国翻译,2014,35(5):5-6.

[35] 朱纯深. 走出误区 踏进世界——中国译学:反思与前瞻[J]. 中国翻译,2000(1):2-9.

[36] 朱一凡,王金波,杨小虎. 语料库与译者培养:探索与展望[J]. 外语教学,2016,37(4):91-95.

通信地址: 430074　华中科技大学外国语学院
　　　　　　鲁凯莉(kelly_lu@163.com)

文化与文学研究
Culture and Literature Studies

论《一桶蒙特亚白葡萄酒》中不可靠叙事的道德寓意及讽刺效果

华中科技大学外国语学院 陈爱华 李 越

摘 要：《一桶蒙特亚白葡萄酒》是 19 世纪著名诗人、小说家埃德加·爱伦·坡的名篇之一，与他的《泄密的心》相似，是以第一人称为视角叙述的关于蓄意谋杀的短篇小说。小说主人公蒙特雷索对故事进程的描述带有强烈的不可靠叙事色彩，他依靠对叙事过程和目的的处理及美化，影响着读者的阅读判断和阅读过程。本文拟分析本篇小说中的不可靠叙事在事实/事件轴、价值/判断轴和知识/感知轴上的体现，以及不可靠叙事方式在小说的风格、道德寓意和反讽效果方面起到的重要作用，探究其对读者产生的影响。

关键词：爱伦·坡；不可靠叙事；道德寓意；讽刺效果

The Moral Implication and Irony Effect of the Unreliable Narration in *The Cask of Amontillado*

Abstract: *The Cask of Amontillado* is one of Edgar Allan Poe's masterpieces. It is a short story of attempted murder based on the first-person narration, just like Poe's *The Tell-Tale Heart*. The narration from Montresor, the protagonist, is obviously unreliable. It idealizes the process and purposes of the story he tells, which influences his readers' judgement and their reading process. This paper tends to analyze the unreliable narration in *The Cask of Amontillado* from the axis of facts/events, the axis of ethics/evaluation and the axis of knowledge/perception, aiming to explore its correlation with the moral implication and irony effect of the novel.

Key words: Edgar Allan Poe; unreliable narration; moral implication; irony

1 前言

埃德加·爱伦·坡是 19 世纪美国著名诗人和短篇小说家，同时也是世人公认的恐怖小说大师，"其情节多为生者与死者的纠缠，人面临死亡时的痛苦，人类的反常行为以及内心的矛盾冲突。这类小说气氛阴郁，情节精巧，有一种梦魇般的魔力"（爱伦·坡，2017）。

爱伦·坡的恐怖小说一直受到文学批评家的广泛关注,而《一桶蒙特亚白葡萄酒》则是其中的佼佼者。故事以犯罪者蒙特雷索的第一人称有限视角,讲述了他密谋杀掉自己极为仇恨的"朋友"福尔图纳托并逐步实施自己的计划的过程。

国内外的学者们基于不同的角度和理论对这篇小说进行了探讨和研究,包括叙事、反讽、小说风格和心理解析等。詹姆斯·费伦(2008)以这篇小说为例阐述了修辞阅读的若干原则,他认为小说的文本因为叙述者与受述者、作者与读者之间的不同联系存在两个不同目的的叙事行为,因此小说中蒙特雷索的叙述在福尔图纳托与读者之间产生了不同的效果。Baraban(2004)对小说中的细节进行了深入研究,探讨了蒙特雷索完成这场谋杀的动机,她认为福尔图纳托之所以被报复是因为他的傲慢与无知冒犯了自认为地位比他高的蒙特雷索。小说中的细节表明,蒙特雷索出身于没落的贵族家庭,因此在受到来自地位更低的人的侮辱时,他报复的行为就变成了维护家族名誉的荣耀之举。Waters(2018)发现,小说受到了美国的黑脸滑稽戏剧(Blackface Minstrelsy)的影响,这与作者爱伦·坡的生平经历密切相关。小说受到的影响在主人公之间的聪明和愚蠢的形象对比、权力和主导地位的逆转、喜剧的表达方式等方面都有所体现。小说中所体现出的潜在的阶级仇恨与复仇、愤怒等主题,也与黑脸戏剧表达出的种族、政治和社会主题相符合。DiSanza(2014)则认为,读者与叙述者之间存在一种共谋关系,读者在阅读过程中被操纵,逐渐远离福尔图纳托。读者们与蒙特雷索一路,成为他的理想倾听者,了解他的灵魂,在他寻找谋杀的理由的同时探索他的动机,从而被带入黑暗、孤独的地下世界。国内的学者们也进行了多角度的研究。付帆(2016)讨论了这篇小说体现出的爱伦·坡哥特小说中恐怖气氛书写的特点——以"效果统一论"为原则,以第一人称叙事的角度表达人物的内心,暴露隐秘的人性,在恐怖氛围、恐怖的叙事手法以及对强烈的恐怖刺激的追求等方面达到了统一的效果,形成了独特的哥特风格。窦延龙(2014)运用不可靠叙事与拉康的精神分析中有关主体的理论,通过分析小说中主体语言缝合中的裂隙,即叙述者在叙述中表现出的与现实常理的矛盾,探讨了蒙特雷索的自恋、菲勒斯情结和俄狄浦斯情结,论证了谋杀过程的叙事其实是叙述者在精神创伤之下体现在叙述中的虚构性的想象图景。国内外学者对《一桶蒙特亚白葡萄酒》进行的学术研究整体偏少,研究视角主要集中于文化、修辞学、恐怖气氛和风格等方面,对不可靠叙事的反讽效果和道德寓意未进行深入研究。

《一桶蒙特亚白葡萄酒》具有爱伦·坡的恐怖短篇的鲜明特点。爱伦·坡涉及道德寓意的恐怖短篇往往采用第一人称叙述,而第一人称极有可能产生不可靠的叙述者以及不可靠叙述,因此阅读过程中需要读者的参与和判断(申丹,2008)。不可靠叙事首先由韦恩·布思在《小说修辞学》中创立并提出,他把按照作品规范(即隐含作者的规范)说话和行动的叙述者称作可靠的叙述者,反之称为不可靠叙述者。他认为有两种不可靠叙事:一种涉及故事事实,指叙述者在叙述事件时前后不一致或者与事实不相符,也就是事实/事件轴;另一种则涉及价值判断,主要指在进行价值判断时出现了偏差,也就是价值/判断轴(申丹,王丽亚,2010)。而韦恩·布思的学生费伦结合老师的观点,发展出了第三种轴,也就是知识/感知轴。这三个轴相互联系,有助于读者更好地把握小说以及叙述者的人物形象,但也需要读者积极参与其中,进行双重解码,解读叙述者的话语,并超越叙述者的话语来推断事情的本来面目。同时,当读者发现叙述者在事件轴和价值轴上不可靠时,会产生反讽的效果(尚必武,2011)。

申丹在研究爱伦·坡的《泄密的心》中的不可靠叙事和道德寓意时,认为是事实和价值轴上的双重不可靠叙事产生了小说强烈的反讽效果和道德教训,再现了恶有恶报的母题(申丹,2008)。那么在爱伦·坡的其他小说中,是否也有这样的特点呢?与《泄密的心》有些许不同的是,《一桶蒙特亚白葡萄酒》的道德选择并不是遵循普遍认同的道德观念的恶有恶报,主人公蒙特雷索"有仇必报",做了精细的谋杀计划并成功实施,且逃脱了惩罚,但这篇小说是否也暗含道德寓意呢?本文拟分析《一桶蒙特亚白葡萄酒》这篇小说中的不可靠叙事在事实/事件轴、价值/判断轴、知识/感知轴上的体现及其对小说的风格、道德寓意和反讽效果等多个方面起到的重要作用,探究其对读者产生的影响。

2 小说的不可靠叙事在叙事轴中的体现

小说伊始,叙事者以第一人称"我"的口吻对这个谋杀事件中的两个人做出了判断,"我"的朋友福尔图纳托似乎并不是一个好人,他无数次地伤害了"我",羞辱"我",令"我"无法忍受。但叙事者马上又补充了其他的描述,"他有一个弱点(我是说福尔图纳托),尽管他在其他方面都可以说是个值得尊敬甚至值得敬畏的人"(爱伦·坡,2017)。这个弱点并不涉及福尔图纳托的性格和道德观念,仅仅只是他喜欢吹嘘自己是个品酒的行家。一般在做出某人值得尊敬甚至值得敬畏的这个评价时,我们都会认为这个人必定品德高尚,而这样的人似乎并不会做出无数次地伤害和羞辱他人的事,这与前文的判断产生了矛盾。这两段都是以"我"为中心的描述。此时"我"的道德水平是否可靠对叙述来说尤为重要,因此读者在小说刚开始难以进行价值判断,需要更多的信息来解码。

叙事者"我"在故事开头也对自己做出了一定的描述,"我"是一个以牙还牙的人,甚至我的家族的纹章图案下都印着"凡伤我者,必受惩罚"的铭文。承袭家族传统,"我"不仅胆大、记仇,而且骄傲、固执。"我"不仅只是想要复仇,"我"还进行了精密的谋划,"我非要惩罚他不可,而且必须做到惩罚他之后我自己不受惩罚"(爱伦·坡,2017)。此时,"我"首先就将自己放在了一个道德高点的位置,说明"我"是一个有仇必报的人,福尔图纳托屡次伤害"我"才令"我"想要惩罚他。但此时读者已经可以从一些叙述中推断出,"我"本性睚眦必报,道德观念淡薄,很大程度上并不能容忍他人的多次伤害和侮辱,而且"我"以牙还牙的惩罚方式,竟然是以牺牲他人性命为代价,因此"我"对福尔图纳托的描述,很有可能并不可靠,只是基于自己的过度想象和替自己的行为找到的复仇借口。开头对于福尔图纳托和叙事者本身的描述都涉及事实轴上的不充分报道和判断轴上的错误判断。"我"的描述试图将自己的报复合理化,将其变成正义之举,但就是"我"前后描述的不对称性,让读者体会出了"我"对作案动机的夸大和自我评价之间的违和。叙事者对他们之间的关系的描述是不可靠的,很有可能只是展示了他们之间相对比较恶劣的关系,并且混入了强烈的个人情感,在叙述中做出了不充分的报道和错误的判断,引导读者偏向叙事者本人,与他所表达的正义的复仇有着明显的冲突,加深了小说的讽刺效果。

在小说中,"我"对自己的性格的描述是非常直接的。"我"是一个有仇必报、以牙还牙的人,但是"我"在其他人面前的表现却完全与自己的真实性格相反,在"我"没有完全显露出自己杀人报仇的意图时,这不仅欺骗了福尔图纳托,也欺骗了读者。在狂欢节的傍晚,两位主人公相遇了,但这次相遇其实是因为"我"早有预谋。"我"给家里的仆人们放了假,再假装与福尔图纳托偶遇,进而展开自己的计划。福尔图纳托"非常亲热地与我搭话,因为他酒已经喝得不少"(爱伦•坡,2017)。如果福尔图纳托与"我"真的关系不好,时常欺辱"我",那么在酒精的催动之下,很可能会和"我"起冲突,但是他只是过来和"我"亲热地说话。这说明在福尔图纳托看来,他们之间的关系并不差,进一步证明了"我"的报复和惩罚福尔图纳托的行为不合理的可能性。在福尔图纳托过来寒暄之后,"我"还记得"我当时是那么乐意见到他,以致我认为我可能从来不曾那样热烈地与他握过手"(爱伦•坡,2017)。"我"虽自觉是坦坦荡荡、有仇必报的人,但在外人面前,"我"却是一个温和有礼且体贴的人,并不表现本性。"我"和他热情地说话,"我亲爱的福尔图纳托,碰见你真是不胜荣幸。你今天的气色看上去真是好极了"(爱伦•坡,2017)。"我"抓住他的弱点,用狂欢节期间不太可能出现的蒙特亚白葡萄酒引诱他。在前往地窖进行谋杀的过程中,"我"保持着一个绅士的、彬彬有礼的形象,既真诚,又温和体贴,"'我家地窖潮湿不堪。窨洞里到处结满了硝石'……我点头哈腰地领他穿过几个房间,一路提醒着紧随我后边的他多加小心"(爱伦•坡,2017)。"我"甚至对福尔图纳托表示了关心和羡慕,但在言语下隐藏着嫉妒的情绪,"你这样咳嗽有多久了……咱们回去吧;你的健康要紧。你有钱,体面,有人敬慕,受人爱戴。你真幸运,就像我从前一样。你应该多保重……为你的长寿干杯"(爱伦•坡,2017)。"我"的行为体贴,语言诚恳,但其实这都是可怕的伪装,"我"掩盖了我的意图,一边说着不希望继续的话,一边又倒酒,并继续用蒙特亚白葡萄酒进行引诱。读者可以看出,"我"的表现和"我"的意图及真实性格是完全不符的。"我"通过精妙的伪装来使"我"计划的惩罚(谋杀)可以顺利进行,为自己的行为进行了美化,而这些只有读者可以隐隐读出一二,在场的福尔图纳托却被完全蒙在鼓里,交付了信任,从而无法逃出死亡陷阱。我们可以推断出这些其实是在事实轴上的错误报道。"我"认为我的这些行为是为了实施

"我"的复仇计划,是理所当然的,因此"我"的行动和语言都理直气壮,同时"我"也进行了一定的美化和处理,让受害者看不出破绽,但已经知道部分来龙去脉的读者可以隐隐察觉出这些叙述的不对劲之处。叙事者在试图为自己进行辩护,掩护自己的目的,但事实上,这些行为都是违反道德和伦理准则的,和"我"的真实意图也完全相反。这表明"我"才是需要反思和被制裁的人,颇有讽刺的意味。

在下地窖的过程中,福尔图纳托希望再来一杯梅多克酒。为了计划的实施,"我"当然会满足他的要求,但"我"却是开了一瓶格拉夫白葡萄酒给他。因为"我"也曾自称是与福尔图纳托相差无几的品酒行家,对意大利白葡萄酒颇为了解。这个举动让"我"前面的自述也受到了一定的怀疑,"我"是真的白葡萄酒行家,还是出于本人的自傲或是希望与福尔图纳托套近乎?那"我"的其他的叙述是否都是真实可靠的呢?这进一步加强了读者在阅读过程中产生的疑虑,不可靠叙事的作用于此也有所体现。

当福尔图纳托真正地踏入地窖深处的墓穴中,被石墙拦住时,"我"迅速地用石墙上的锁链将他锁在了里面并退出了石洞。"我"在这时才展露出本性,对他进行残酷的"惩罚"。"我"将他锁在幽暗的墓穴深处,还虚伪又讽刺地对他说,"这儿太潮了,请允许我再次求你回去。你不?那我当然得留下你了"(爱伦·坡,2017)。"我"更是在砌墙的过程中,好好地欣赏了一下福尔图纳托绝望的声音,"我"性格中睚眦必报、自傲、虚伪的一面完全展现出来。面对自己成功的复仇,"我"有点自鸣得意。这时读者可能会认为"我"确实是这样一个冷酷无情的谋杀者。"我"自己可能也这么认为,但"我"的一些下意识的反应却暴露了"我"不完全了解自己,也就是感知轴上的不充分解读,"我"对自己的叙述和解读其实也并不可靠。当洞里传来一串凄厉的尖叫声时,"我一时间趑趄不前,浑身发抖"(爱伦·坡,2017)。"我"在实施这场谋杀之前,已经做好了详细的规划,包括找到一个合适的不会被发现的地点,在狂欢节上用酒来引诱福尔图纳托,以及调走所有的仆人等。因此,读者其实也能预测"我"已经设想过谋杀的全过程。这个过程肯定也包括福尔图纳托的央求、挣扎、绝望等反应。但是在这一声尖叫声响起之后,"我"还是下意识地感到非常恐惧和害怕。虽然"我"很快克服了这个心态,但读者也能看出主人公蒙特雷索并非如他自己描述的那样。蒙特雷索的性格中还有一部分是他还未意识到的、微弱的人性的存在,但他对自己的认识可能并不全面。于是蒙特雷索开始回应福尔图纳托的尖叫,力求压过他的声音,就好像他内心中黑暗的部分在压制人性的部分,并最终战胜了它。在谋杀真正完成之后,"我"多次试探洞内有没有反应时,突然又感到恶心,"我"解释说可能是地窖里太过于潮湿的缘故。但是作为读者,是可以怀疑这个叙述的真实性和可靠性的,这种反应为什么发生在完成谋杀之后呢?这里的感受似乎是一个简单的感觉的叙述,但其实可能也包含了不可靠的解释和评价。"我"可能对"我"恶心的原因进行了曲解,是因为"我"错误地估计了"我"自己。真实的"我"并没有"我"自我认为的那么冷血和狡猾,因此,"我"才在意识到自己真的杀了人之后，感到恶心。但"我"并不会意识到"我"到底是因为环境而恶心，还是因为"我"太过骄傲而不能承认自己的内心而恶心。隐含作者在这里也没有给出准确的答案，这都源于"我"其实对真实的自己并不是完全了解，也就是不充分解读。小说叙述中，蒙特雷索表现出的不充分报道、错误判断，以及对自己的不充分解读等，都体现出小说的不可靠叙事的特色。

3　小说的道德寓意与讽刺效果

韦恩·布思将叙事者的说话和行动是否符合隐含作者的标准作为判断叙事者是否可靠的依据。在《一桶蒙特亚白葡萄酒》中，"我"作为唯一的叙事者，又是以第一人称讲述这个恐怖故事，其不可靠叙事是值得研究的。这篇小说的道德寓意和说教也隐藏在小说的不可靠叙事之中，等待读者发掘。

读者对故事的了解虽然只能从"我"的描述中获取信息，但是"我"所述的内容和隐含作者所述的内容有着一些差距。从全篇来看，作为对五十年前的事件的描述，"我"对自己的行为进行了美化，依靠对于读者来说并不可靠的叙述讲述故事。"我"站在道德的高处说明"我"有仇必报的性格，事情并非由"我"引起，"我"甚至在结尾的"愿亡灵安息"中透露出了忏悔的心情，希望读者能以理解和同情的态度来看待这件事。但隐含作者其实并没有对此做出道德判断，或者帮"我"做任何掩盖，反而在很多地方都揭露了"我"的真实面目，成功地将"我"塑造成了一个骄傲自大、虚伪冷漠、没有人性的谋杀者，与"我"所希望达到的效果相反。隐含作者传递出了主人公这样恶意的行为是隐藏不住的，非正义的。即使有一个完美的理由或借口，其行为之下深层的不道德的因素仍然会被感知、被批判。

小说的反讽效果，首先见于小说对主人公蒙特雷索的虚伪的揭露。"我"在讲故事的过程中，大量讲述了我是如何用表面的假象将福尔图纳托引诱到陷阱的。这些描述中存在着在事件轴、判断轴和感知轴上的不可靠叙事，但是这些不可靠叙事大多又容易被读者识别出来。读者可以从"我"的行动和言语的细微之处判断出我是一个怎样的人，以及"我"的认识和描述是否有差距，是否表里不一。"我"认为我的复仇有理有据，当然也希望读者可以认同这个判断并表示理解和同情，但是读者却能读出一个虚伪冷酷的小人形象，以及这个复仇在道德伦理上是毫无道理的。"我"的叙述和读者解读之间的差距让小说的反讽意味深长。

更具有讽刺意味的是，作为一篇复仇主题的小说，报仇的一方并不是正义的受害者，反而是虚伪无情的加害者，并且还逃避了应有的惩罚，完成了一次谋划得滴水不漏的谋杀。但这仅仅只是表面的故事，这次谋杀是否真的是"我"所预想的完美的谋杀？"我"不仅被发现在谋杀的过程中一度存在着恐惧的情绪,在地窖深处,人性的光辉在"我"的心中如手中的火把一样只有火苗,最终火苗还是熄灭了。即使是在五十年后,"我"再描述起这件事时,仍然自得于这桩案件这么多年从未被人发现,并带着虚假的忏悔。同时,"我"心中复仇的快感也遭受到了"我"的朋友福尔图纳托的重创。小说开篇的节奏很快,细节也很少。叙事进程很快进入了最后的谋杀场面,描写细致,给小说带来一点戏剧化的效果。在戏剧进行到高潮时,戏剧的效果却并没有进一步加强。绝望的福尔图纳托更多地保持了沉默,他有时惊声尖叫,但并未求饶,而是试图唤起"我"心中的良知,提起喝酒的快乐时光,提起自己的夫人、朋友们。这对于心高气傲、虚伪小气的"我"来说,远不如欣赏可怜的求饶声来得有快感。这样的谋杀对"我"来说可能是失败的。由此,"我"失真的叙述和最终逃过罪责构成了对自身深刻的反讽,进而更好地烘托出"我"的道德缺陷(郭萌,冯洁,2011)。

4 总结

作为爱伦·坡的名篇之一,《一桶蒙特亚白葡萄酒》在不可靠叙事和道德观等方面有着爱伦·坡鲜明的个人特色。笔者在利用经典叙事学的三个不可靠叙事轴进行深入分析时,主人公蒙特雷索的叙事方式与小说反讽效果的体现及道德观念的阐释有着更密切的联系。读者在阅读过程中会跟随蒙特雷索的讲述逐步体会他出于私心对故事进程和目的进行的处理和美化,从而产生一定的思考和怀疑,意会到小说真实表达的内容。同时,第一人称产生的不可靠叙事对人物形象的塑造和道德观念的表达有着独特的效果。作为受述者,我们可以通过主人公蒙特雷索的叙事和故事推测分析出他表面之下的真实形象。作者用蒙特雷索的讲述引导读者积极参与小说细节的解读和推测,帮助读者体会小说中所蕴涵的道德寓意,揭示小说的主旨。该小说虽然在主题上与《泄密的心》有较大的差异,但在不可靠叙事的风格和道德观念的表达上仍然是一脉相承的,以其文学魅力吸引着读者的注意力。

参 考 文 献

[1] Baraban E V. The motive for murder in The Cask of Amontillado[J]. Rocky Mountain Review,2004,58(2):47-62.

[2] Waters C. The color of Amontillado:The influence of Blackface Minstrelsy in The Cask of Amontillado[J]. The Edgar Allan Poe Review,2018,19(1):39-52.

[3] DiSanza R. On memory, forgetting, and complicity in The Cask of Amontillado [J]. The Edgar Allan Poe Review, 2014, 15(2):194-204.

[4] 爱伦·坡. 一桶蒙特亚白葡萄酒[M]//曹明伦, 译. 乌鸦:爱伦·坡短篇小说精选. 南昌:江西人民出版社, 2017.

[5] 窦延龙. 叙述的缝合与裂隙:《一桶白葡萄酒》无意识主体的想象图景[J]. 外国语言文学, 2014(1):54-61, 71.

[6] 付帆. 爱伦·坡哥特小说对恐怖氛围的书写——以《一桶白葡萄酒》为例[J]. 名作欣赏, 2016(18):62-64.

[7] 郭萌, 冯洁. 论爱伦·坡《一桶白葡萄酒》中的道德寓意[J]. 内蒙古农业大学学报(社会科学版), 2011(4):219-220, 222.

[8] 詹姆斯·费伦, 雷雯. 修辞阅读原理:以爱伦·坡的《一桶白葡萄酒》为例[J]. 世界文学评论, 2008(1):11-14.

[9] 尚必武. 西方文论关键词 不可靠叙述[J]. 外国文学, 2011(6):103-112, 159.

[10] 申丹. 坡的短篇小说/道德观、不可靠叙述与《泄密的心》[J]. 国外文学, 2008(1):48-62.

[11] 申丹. 叙事、文本与潜文本——重读英美经典短篇小说[M]. 北京:北京大学出版社, 2018.

[12] 申丹, 王丽亚. 西方叙事学:经典与后经典[M]. 北京:北京大学出版社, 2010.

通信地址：430074　华中科技大学外国语学院
　　　　　　陈爱华（chenaihua@hust.edu.cn）
　　　　　　李　越（741666030@qq.com）

论《野草在歌唱》中的"黑祸论"语境及其负面影响①

华中科技大学外国语学院　吕泽旭

摘　要：在多丽丝·莱辛的小说《野草在歌唱》中，主人公玛丽·特纳一生深受殖民语境下的"黑祸论"（"Black Peril"）的影响。童年时期，片面的种族教育与正常社交的缺失，令玛丽逐渐形成种族偏见，最终产生了病态的矛盾心理；在玛丽去世后，无人深究她的死因，她与摩西之间的恩怨成为当地的经典案例——玛丽的遭遇因"黑祸论"而起，最终却又延续了这一恶性循环。从童年时期被动接受教育的"他者"，到去世后饱受人们非议的死者，玛丽悲剧的一生能够反映出"黑祸论"所代表的种族主义话语对白人女性的负面影响。

关键词：多丽丝·莱辛；《野草在歌唱》；"黑祸论"；"种族主义"

"Black Peril" and Its Negative Influence in *The Grass Is Singing*

Abstract: In the colonial context of "Black Peril", the growth of Mary Turner, the protagonist of Doris Lessing's novel *The Grass Is Singing*, has been greatly affected. For instance, in her childhood, the one-sided ethnic education and insufficient communication caused her racial prejudice, which resulted in her morbid psychology; and after her death, no one dug into the cause while the relationship between she and Moses became a local scandal. From the silent "other" receiving education passively to the dead censured in the neighborhood, Mary passed away tragically, which can reflect the negative impacts of racist discourse represented by "Black Peril" on white women.

Key words: Doris Lessing; *The Grass Is Singing*; Black Peril; Racism

作为英国当代著名作家多丽丝·莱辛（Doris Lessing，1919—2013）的成名作，《野草在歌唱》②因其所包含的女性主义和后殖民生态主义等思想，以及独特的叙事艺术，不断吸引学者从不同角度展开研究。在这部小说中，莱辛曾巧妙刻画女主人公玛丽·特纳在不同人生阶段中的样貌和精神状况等细节，以及玛丽在与当地黑人交往过程中所产生的身心变化。她

---

① 本文为湖北省高校哲社研究重大项目（省社科前期资助项目）"多丽丝·莱辛小说的女性书写"（19ZD001）的阶段性成果。
② 后文出自同一著作的引文，将随文标出引文出处页码，不再详注。

的成长与挣扎,能反映殖民话语与种族主义话语对个体的负面影响,尤其是当时具有广泛影响的"黑祸论"("Black Peril")[①]对白人女性命运悲剧的助推作用,值得深入分析。

1 "黑祸论"的根源与影响

"黑祸论"起源于十九世纪与二十世纪之交,这一现象对非洲南部殖民地产生了广泛、深远的影响,在诸多早期非洲文学作品中都有相关的记录、反思与探讨(Graham,2015)。当南非战争(South African War,1899—1902)结束后,英国殖民政府在新获得的两个殖民地中颁布了严禁当地黑人男性与白人女性发生(自愿或非自愿)性接触的法令,这曾被看作殖民政府在维护殖民地的治安与殖民者的尊严,并引发了首轮"黑祸论"恐慌(Cornwell,2009)。英国学者 Jock McCulloch(2000)曾详细研究 1902 年至 1930 年代间殖民地南罗德西亚(Southern Rhodesia)因这条法令而起的真实案件,并对"黑祸论"及其影响进行深刻剖析。他提出,黑人男性与白人女性的身体在当时都不是自由的,稍有不慎就会引发命案,但白人男性却可以置身事外;"黑祸论"的出现不仅仅是因为殖民者担心白人女性会被黑人男性奸污,或害怕种族间通婚(miscegenation)会有损白人在殖民地中的统治和利益,其中还有更复杂的种族政治因素。

Gareth Cornwell(2009)在进一步的研究中强调,殖民者是在以"黑祸论"为借口将当地黑人妖魔化,从而维护白人摇摇欲坠的"白色至上说"。随着"南罗德西亚农业无情地被纳入全球经济体系之中,粮食种植业和带有浪漫色彩的田园生活被大规模经济作物种植业和农业垄断资本运营所取代"(徐彬,2019),殖民地中那些能力不足以维持农场或商业经营的白人一步步堕入深渊,变成殖民社会边缘的"穷苦白人"——他们穷困潦倒,没有能力维持白人应有的生活水平,但又不甘与黑人为伍。与此同时,殖民政府颁布的《土地分摊法》等强调种族之间分而治之的法案(徐彬,2019),使白人与黑人的生活空间被严格分离,又引发了白人领地内黑人劳动力不足的危机,促使当地黑人获得了一定的议价能力,实现社会地位的提升,他们甚至还会看不起穷苦白人。久而久之,这些穷苦白人就像是"白色神话"[②]中脆弱的阿喀琉斯之踵,会对白人社会的主体性产生威胁。在当时的白人父权制社会中,女性仍被看作男性的财产,白人女性的身体曾象征着白人种族的安定与权威(Grogan,2011),所以一直受到白人社会的保护,但在落魄时与黑人男性频繁接触的穷

---

① 本文将 20 世纪初期在英属南非殖民地出现的"Black Peril"现象译为"黑祸论"。根据 Gareth Cornwell 的定义,"黑祸论"主要指白人对于黑人强奸行为的担忧与恐慌。

② "白色神话"译自习语"the myth of white supremacy",指白人的语言、生活模式、道德价值观等西方的形而上概念,主要用于突出白人的种族优势,增强民族自信心,为帝国主义和殖民主义构造舆论优势,从而便于其实施对其他民族的压迫和奴役。

苦白人女性无异于在破坏这一"规则",既预示着黑人的强大和白人的式微(徐彬,2019),也意味着殖民者的政治经济利益有可能会受到侵害,所以当时存在着夸大"黑祸论"的危害的现象,以阻止黑人与白人之间的交往。

在这种情况下,白人女性的自由受到了更为严格的限制。她们一旦越过了白人社会划定的交往边界,就会成为白人社会中的"异己",再也无法在白人群体中照常受到接纳与保护,但也仍然与黑人社会不相容。在多重社会压力下,她们最终极有可能无路可走。等到她们迎来了注定的悲剧下场,则又会再次印证"黑祸论"的正确性,加深人们的印象与恐惧,增强白人社群一致抵制黑人的凝聚力。所以归根结底,这种排外的种族主义才是导致"黑祸论"恐慌的主要因素。莱辛作为一名生长于英属殖民地中的白人女性,亲身经历了南罗德西亚社会的各个方面(Schwarz,2016),在《野草在歌唱》这部批判现实主义的作品中,玛丽·特纳的故事就是这样一个白人女性的悲剧,她的一生备受"黑祸论"的负面影响。

2 玛丽的童年:教育与社交的缺失

在南罗德西亚种族制度森严的殖民地社会中,"黑祸论"带给玛丽的创伤,从童年时便已埋下伏笔。对于生活在这片土地上的白人殖民者而言,如何看待当地黑人并正确地与他们相处,应是一项重要的教育内容,但玛丽从未接受过这类教育。

> 她以前从来没有以主人的身份跟土人打过交道。她的母亲从小就禁止她跟用人讲话;她住在俱乐部里时对待侍者很和善,所谓"土人问题"和她是不相干的,那是别的女人的事情,她们老是在茶会上埋怨她们的用人。她当然是害怕土人的。凡是在南部非洲长大的女人,从小就被教养成这种样子。在她小时候,大人不允许她单独一个人出去散步,她如果要问明根由,大人就悄悄地低声用一种理所当然的声音告诉她(她一想到这种声音,就联想到她的母亲),土人是怎样的下流,保不定就会对她做出恶劣的事情来。(56)

从小到大,作为白人女性的玛丽始终是被保护的一方,她的生活与当地黑人几乎毫无交集。在分隔政策和种族偏见的作用下,玛丽同无数青年女性一样,在被动接受教育的过程中,鲜少正视有关种族的问题,既缺乏主动性,也没有话语权,被动地成为"他者"。基于这种认知与交往经历的不足,家庭与社会所传达的片面信息逐步根植于玛丽的认知中,即使她从来没有遇到过"凶险"的黑人,比如黑人会"做出恶劣的事情来"这样的刻板说教,已让她从小就意识到黑人是危险的、下流的,从而对他们产生畏惧与疏远的意识。正是因为在成长中缺乏全面的教育与正常的交流,玛丽在之后与土人相处的过程中遇到了诸多问题。

起初,玛丽对于土人的认知极为匮乏。在她看到丈夫迪克·特纳与老用人萨姆逊的相处方式后,"对这种不把黑人当人看待的随便态度很是气恼"(55),可见在没有与黑人深入交往前,仅接受过学校教育的玛丽认为不能用殖民者惯用的恶劣态度对待他们。但玛丽也"从来没有想到过土人也是要吃饭、要睡觉的人,只要这些人不在她跟前,她从来不会想到世界上有没有这些人的存在,他们的生活怎么样"(73),她对于黑人的认知仅停留在教科书中,他们在她眼中是微不足道的。

然而,由于玛丽缺乏自己对于种族问题的深入思考,她的观念易随各方面的影响而剧变,甚至走入极端。当单纯、较真的玛丽认识到,土人普遍有偷拿主人东西、爱偷懒、懦弱、无知等不良习性后,她便态度大变,也开始用白人殖民者的方式对待用人,这不仅违背了她最初的意识,甚至变本加厉。例如,她看见用人们在工作过程中"望也不望自己一眼"时就会异常气愤,认为他们都是怯懦的,像是因做了亏心事而心虚,但这归根结底是"她不知道土人有一条规矩,那就是不能正眼看一个比自己身份地位高的人;可是在她看来,这足以说明土人性格的狡诈和不诚实"(68)。她不知道在与黑人相处时不能过于严格,"虽说没有什么明文规定可以遵守,但是双方之间有着一定的规矩"(63)。从来没有人告诉过她这些规矩,她也一直没有机会在社交中发现其中的规律,所以用人不满她的严苛态度,一个接一个地离开了,玛丽却仍不知道问题出在了哪里。

不仅是与黑人相处的过程中会出现这些问题,由于玛丽对用人的要求过于苛刻,她与丈夫迪克·特纳也曾多次发生矛盾,这给他们的婚姻生活带来负面影响。在白人的农场中,实际进行劳动的人是当地黑人,白人殖民者要依靠对土人的剥削获得收益,所以需要平衡自我与黑人劳动力群体的关系。在当时黑人劳动力紧缺的社会背景下,迪克作为农场主不得不尽力调整自己与土人的关系,采取较为宽松的管理方式,甚至是做出部分妥协,从而维持农场的运营。然而与此同时,玛丽却不知悔改地逼走了数名用人和工人,使农场中劳动力不足的情况雪上加霜,这让迪克大为不满,也给他们的家庭生活和农场经营带来了沉重的负担。这些家庭内外的矛盾均是"黑祸论"引发的教育缺失在玛丽身上体现出来的后果与隐患,为下文中玛丽产生的心理矛盾做铺垫。

3 玛丽崩溃前:病态的认识矛盾

由于不善于与土人相处,且对他们的要求过于严苛,玛丽在当地土人中的名声颇为恶劣。在农场中生活了一段时间后,她与万千白人殖民者一样,"一谈到土人,声调里总是带着一种气愤……他们对土人厌恶到神经质的地步"(76),她逐渐转变为一个种族主义者,极度排斥黑人。在自家的农场中,当土人摩西停下搬运工作,用英语对玛丽说想要喝水时,她当即认为没有资格说英语的摩西是在嘲讽、挑战她的权威,所以就用鞭子抽在了他的脸上,以维护自己作为高高在上的白人农场主的尊严。但物极必反,当鲜血从摩西黝黑的脸上淌下时,玛丽突然意识到眼前这个高大魁梧的土人,是一个比她强壮得多的、有血有肉的男人,她看到了他眼神里的"阴沉和憎恨"(123),这一幕激发了她对自身行为的一系列反思,也让她感觉到后怕。

当摩西再次出现在玛丽家中,成为家里"最后一个用人"后,玛丽对他的态度从最初的厌恶、恐惧,演变成了更加复杂的情感。在气候酷热难耐、家庭收支每况愈下,以及丈夫迪克软弱无能等困境中,已出现病态精神问题的玛丽此时对任何事都提不起兴趣,只想每日坐着发呆,沉浸在自己的幻想中。与世隔绝多年后,与当地白人社会缺乏交流的她,已不再在意白人社会的"规则"和要求等属于"超我"层次的道德束缚,从弗洛伊德的"三部人格结构"理论的角度看①,此时玛丽人格深层中的"本我"得到释放,成为她观察事物的内驱力,使得她从新的角度发现摩西身上的人性。

在多日的观察与交往中,玛丽发现摩西与一般黑人不同,这与扎根在她心里的种族偏见相悖,给她带来了巨大的精神冲击。摩西曾在教会当差,受过一定的教育,所以他细致、体贴的表现颠覆了"黑祸论"中可怖的黑人形象,让玛丽陷入了现实与认知之间的深渊,产生了足以令她崩溃的心理矛盾:玛丽原本担心摩西会因她的鞭笞而进行报复,但摩西却对她施以援手;玛丽本以为摩西与前几任用人一样不堪、怯懦,但摩西不仅做事高效认真,还有一定的思考能力;更重要的是,处于精神崩溃边缘的玛丽,已无力承担摩西辞职所带来的后果,所以她只得对摩西言听计从,被迫接受他的照顾,甚至在他面前流泪,暴露出脆弱的一面。玛丽与摩西之间的身份关系发生了微妙的转变。最初,作为摩西"不愿触碰的神圣不可侵犯的白种女人"(160),当他的手碰在她肩上时,她会感到不安,"忍不住哭出声来,好像身上沾染了污物似的"(160),充满恐惧与厌恶;但随着接触越来越频繁,"他迫使玛丽不得不把他当一个人看待"(165),直到她的恐惧消失,矛盾心理暂时被克服,她背负着沉重的后果越过了社交边界。

至此,玛丽终于能够心安理得地接受摩西的关爱,但好景不长,当准备接管农场的白人托尼·马斯顿目睹了他们的接触,并施压要让摩西离开时,玛丽的"超我"意识再次被唤醒,再次陷入了精神缠斗的状态。一方面,作为一个处于精神崩溃边缘的女人,她出于生存本能依赖摩西的体贴照顾,不舍他离去,所以在他走后,玛丽便埋怨马斯顿不该出现;另一方面,马斯顿的白人男性权威对于玛丽来说,始终是一种警示,也是阴魂不散的"黑祸论"又在提醒她,白人与黑人之间仍有不能逾越的鸿沟,逼迫她"洁身自好"。当她的白人女性身份与生存本能终于激发了冲突时,玛丽在高压下被动地选择了服从白人社会的约束——她既没有胆量向以马斯顿为代表的白人权威发起挑战,也仍受扎根于心的种族主义偏见的干扰。即使摩西是此时最关心她的人,玛丽仍认为,黑人与白人有别;即使摩西

---

① 根据弗洛伊德的人格结构理论,"本我"的思维特征是现象和想象混淆不分,符合《野草在歌唱》最后三章中玛丽·特纳所表现出的精神状态(谭万敏,2016)。

此前并没有想过要伤害她,她仍惧怕"黑祸论"可怕的预言——玛丽发自内心地相信了种族主义的恐吓,便也亲口缔结了自己的悲剧终章。

4　玛丽离世后:无法逃脱的舆论与限制

　　摩西最终亲手夺走玛丽的生命。《野草在歌唱》第一章中的新闻报道像一道神谕一样笼罩着整个故事,直到最后,他真的带着凶器来到了她的面前。玛丽"一看到他,情绪就出乎意料地发生了变化,心里起了一种特别惭愧的感觉。她曾经听了那个英国人的话,对摩西有所不忠,因此对他抱愧。她觉得只有走上前去,向他解释一番,恳求一番,恐惧才会消除"(222),但摩西没有给她辩解的机会——玛丽深以为然的"黑祸论"把原本没有恶意的摩西逼上了这条不归路,造成了他们之间的悲剧。但这场悲剧并没有在玛丽死后结束,等到第二天早上,她的遗体依然在被限制,"一个黑种男人决不可以和一个白种女人待在一起,尽管这女人已经死了,而且是被这个男人杀死的"(19)。她的遗体,仍是代表白人权威的一种符号,不能与摩西共乘一车,也不得自由。

　　离世后的玛丽不仅受到了警长和查理·斯莱特等人的"极端鄙视和愤恨"(13),除了外乡人马斯顿,没有人想去追究"摩西为什么要杀死玛丽"这个谜点重重的问题。只是因为愤怒和反抗吗?是玛丽的要求吗?还是因为摩西不甘接受玛丽的离去?……就连摩西自己也不会说。这个地区的人们一看到报道似乎就已明白了是怎么一回事,他们只是"气愤之中又夹杂着一种几乎是得意的心情,好像某种想法得到了证实,就好像某件事正如预期的那样发生了。每逢土著黑人犯了盗窃、谋杀或是强奸罪,白人就会有这种感觉"(1)。玛丽因种族主义偏见而招致杀身之祸,但离世后,她的谋杀案反而被当作经典案例,延续了这一现象的恶性循环。

　　"黑祸论"恰似一条纽带,以这种方式联结起南非白人殖民者之间的种族凝聚力。由于在当时没有人愿去追问真正的真相,这种种族主义现象不断扩大、加深,不断被证实,不断被巩固,不断被相信,直到生活在这片土地上的黑人再也摆脱不掉白人的种种刻板印象。在南罗德西亚殖民地上,莱辛所生活的时代中,《野草在歌唱》中提到的黑人罢工、辞职、反抗等现象日益增多,当时出现的几次大规模的反殖民运动及民族冲突,导致不同种族间的矛盾更加紧张(谭万敏,2016)。"黑祸论"正是在这种种族矛盾日益紧张、黑人与白人互不信任的语境下,一次又一次得到了证实与巩固。直至1948年,由此引发的种族恐慌不但没有降温,反而促使南非颁布了种族隔离制度(Aparthied),用更加严格的法律制度,将各个族群在地理维度上强制性分离,从而使每个人的身体自由受到了更大的限制。在这样的语境下,莱辛选择将《野草在歌唱》在英国发表,这不仅是玛丽命运的悲歌,更是对种族主义和隔离制度的痛斥。

5 结语

在《野草在歌唱》中,作者刻画了玛丽一生中的遭遇,并展现了在种族主义和殖民主义的压迫下,"黑祸论"对于一位白人女性的负面影响。白人女性并不是生来就惧怕黑人男性,她们也是在殖民社会中获得了"习得性畏惧"。从童年的无知与被保护,到成年生活中的种族偏见与爱而不得,玛丽逐渐成为挣扎在精神崩溃边缘的"他者",对黑人的认知与情感不断地受到颠覆、纠缠与胁迫;直到最终,哪怕已经离世,她依然没能逃脱社会的舆论与身体的限制——"黑祸论"深深影响了她悲剧的一生。正如玛丽·特纳一样,在南非殖民地上曾经有万千白人女性就这样背负着对黑人与种族的复杂情感,年复一年,煎熬度日。莱辛用她独特的视角展现了玛丽一生中的挣扎与失落,是批判,是辩解,也是呼吁破除"黑祸论"的先锋性寓言。

参 考 文 献

[1] Schwarz B. The fact of whiteness:Doris Lessing's The Grass Is Singing—a historian's notebook[J]. Journal of Southern African Studies,2016 (1):127-136.

[2] Grogan B. (IM) purity, danger and the body in Doris Lessing's The Grass Is Singing[J]. English Studies in Africa,2011 (2):31-42.

[3] Cornwell G. George Webb Hardy's The Black Peril and the social meaning of "Black Peril" in early twentieth-century South Africa"[J]. Research in African Literatures,2009 (3):37-47.

[4] McCulloch J. Black Peril, white virtue:Sexual crime in southern Rhodesia, 1902-1935[M]. Bloomington:Indiana University Press,2000.

[5] Graham L V. State of peril:Race and rape in South African literature [M]. London:Oxford University Press,2015.

[6] 多丽丝·莱辛. 野草在歌唱[M]. 南京:译林出版社,1999.

[7] 谭万敏. 多丽丝·莱辛小说中的身体话语研究[D]. 重庆:西南大学,2016.

[8] 徐彬.《野草在歌唱》中帝国托拉斯语境下的农场"新"秩序[J]. 外国文学研究,2019(5):107-108.

通信地址: 430074 华中科技大学外国语学院
吕泽旭(lyuzexu@qq.com)

《野草在歌唱》中的自由间接引语与女主人公心理建构

华中科技大学外国语学院　岳　琦　张再红

摘　要：本文通过分析多丽丝·莱辛作品《野草在歌唱》中女主人公玛丽的自由间接引语所反映的人物主观情感、意志和思想上的变化，及其叙事效果，探究玛丽的心理建构过程，发现她背负着"囚徒""受害者""破坏者"三种角色。玛丽在南非殖民地这个父权制社会无法逃离束缚，注定走向灭亡。

关键词：自由间接引语；《野草在歌唱》；心理建构

Free Indirect Speech and Psychological Construction of Characters: Interpretation of *The Grass Is Singing*

Abstract: This article analyzes the emotion change of heroine Mary Turner in *The Grass Is Singing* by Doris Lessing as well as the book's narrative effect from perspective of Free Indirect Speech, to explore the psychological construction process of Mary. It finds that Mary played roles of "a prisoner, a destroyer and a victim", and could not escape from her bondage and was doomed to perish in colonial South Africa.

Key words: Free Indirect Speech; *The Grass Is Singing*; psychological construction

当代英国优秀作家多丽丝·莱辛的作品中处处可见现代主义实验小说的写作特征：混杂的叙事时序、多元的叙事视角、大量的内心独白。《野草在歌唱》作为其处女作，是上述特征的典型代表。小说中对女主人公玛丽心理活动的大量描述全方位展示了其在殖民地制度与社会压迫下内心深处的情感变化。自由间接引语作为一种特殊的叙事技巧（胡亚敏，1989），便是莱辛用以呈现此变化的主要手段。

1　自由间接引语及其叙事功能

早在19世纪，自由间接引语作为一种叙事技巧，在福楼拜、歌德、狄更斯等欧洲古典作家的作品中广泛使用，但直至1912年瑞典语言学家查理·巴利赋予其名称——"自由间接风格"（le style indirect libre）之后，这一技巧才在理论上得到彰显，并作为一种独立且有意义的文体形式被研究。自由间接引语被定义为一种经验语言（Lorck,1921），即作者将自己想象为人物,或者是叙述者对人物的模仿。20世纪60年代以后,随着西方语言学、文体学及叙事学的蓬勃发展,英美评论界将"自由间接引语"(Free Indirect Speech)作为这一叙事技巧的固定名称。

语言学家主要从句法及语境等方面对自由间接引语进行研究。Banfield(1982)在其出版的第一部关于自由间接引语的专著中指出,自由间接引语仅可作为一个特定的语法现象来处理。但除单纯的句法标准之外,特定的词汇和标点符号等单句内语境标识也是判断自由间接引语的标准。有的句子从句法上看只是间接引语,但其词汇和标点符号具有自由间接引语的特征(Leech,Short,1981)。Ehrlich(1990)从超越单句语境的角度明确指出,仅从句法特征分析自由间接引语具有一定的局限性。观点的解释与话语语境密切相关,超越单句层面的语境分析更具有描述性,将句法特征和语境两者结合,才能够充分解读自由间接引语所隐含的意义。

叙事学家将自由间接引语视为小说中颇具特色的转述话语模式。自由间接引语在人称和时态上与正规的间接引语一致,不带引导句,但转述语本身为独立的句子,常常保留具有人物主体意识的语言成分(Page,1973)。与间接引语相比,自由间接引语是一种"不通常"的引语方式,受到叙述语境的压力较小,叙述距离比叙述型话语更近。作为意识流的一种叙事技巧,该话语模式是作者为了将叙事者隐蔽起来而刻意采用的叙事方式。

虽然语言学家更关注自由间接引语的语言特征,而叙事学家则更关注其在语境中体现的叙事距离,但两者并不矛盾。Leech和Short(1981)在分析自由间接引语句法特征的同时强调其独特的叙事效果,认为自由间接引语既具有间接引语的简洁性,又具有直接引语的生动性;既能独立地表达人物话语,又在一定程度上保留了叙事者的声音,使人物的意识更自然地与叙事者的话语融为一体,有利于表达人物的心理活动,从而增强同情感或讽刺感。同时,自由间接引语摆脱了从句的束缚,运用第三人称与过去时,避免直接引语因人称和时态的转换所产生的突兀感,因此自由间接引语兼具直接引语和间接引语之长,能够增加文本的语意密度(申丹,王丽亚,2010)。

独特的叙事效果使得自由间接引语这一特殊的话语模式在18世纪末出现之后,便被狄更斯、福楼拜、乔伊斯等众多作家频繁地运用于作品中,自由间接引语成为丰富人物语言的表现力和反映人物情感变化的文学手段。作家通过在文本中让人物的声音瞬间接管叙述者的声音,使其不再一味地只是被叙述,而是可以讲述由自己的视点所聚焦的事件、描绘与自己相遇的生活世界、过滤和其相遇的他者的话语。以乔伊斯为代表的作家还将这一手段推衍至对人物内心意识塑造过程的展现。自由间接引语的使用能够模糊人物内心与外在世界、文字与形象间的间隔,主观感受与客观叙事糅为一体,相较于其他叙事手法,更有利于展现人物的心理(吕国庆,2010)。

多丽丝·莱辛则深受狄更斯、乔伊斯等作品的影响,她不仅在笔法上秉承了他们对现实的深刻批判和对社会生活的生动刻画,还在叙事技巧上承袭了他们常用的自由间接引语手法,从叙事者和人物的多重视角灵活地表达人物情感。《野草在歌唱》中,女主人公玛丽的内心情感通过这一方式得到了细腻的展现。

2　自由间接引语与女主人公心理建构

2.1　生的困境:童年的囚徒

《野草在歌唱》①女主人公玛丽从出生起就处在逼仄的环境之中——"风吹得倒的"小房子,像个"木头箱子"(30)。作为她"童年的背景"的杂货铺,也"像巧克力似的分成几格","杂七杂八地"堆满了各种廉价货物(28)。正是这所矮矮的平房,串联起了玛丽一家的悲剧。父亲在此花光家里的钱酗酒,母亲在此当众抱怨哭诉以赢得观者的同情。两人长期的紧张关系使得玛丽逃避自己的母亲,"憎恨自己的父亲",并且对杂货铺"产生了一种真正的恐惧"(29)。

因此,玛丽成人后,对于能够远离父母工作感到欣喜若狂,"她极其高兴,高兴得连假期也不愿意回去看看醉醺醺的父亲和辛酸的母亲"(30)。假期成为她与父母之间相见的"最后一根纽带",但随着父母的去世,这根纽带也不复存在了。"一点儿牵扯也没有了!她自由自在了。"(31)"父母间的争吵"和"肮脏的小屋"(31)都彻底成为过去,她变成了"真正自由的人"(Chodorow,1979)。自由间接引语的使用恰如其分地展现了玛丽心中的欢腾雀跃,感叹的情绪抒发了玛丽与童年一刀两断后的如释重负之感。

但结婚后的第一个晚上,她在与童年类似的昏黄灯光的照射下,慢慢察觉到,"现在并不是在这所房子里跟丈夫坐在一起,而是回到了母亲身边,看着母亲无休无止地筹划家务,缝衣补袜"(52)。"回到母亲身边"的感觉将童年断掉的纽带重新接续起来。她竭力逃避的"心酸苦涩地"(27)缝补衣服的母亲重新出现在她身边。崩溃之下,玛丽一路狂奔跑出了自己的新家,她对母亲这一角色的逃避心理也在本句自由间接引语的描述中昭然若揭。害怕重蹈母亲悲剧人生覆辙的心结过于强烈,她逐渐被阴影彻底覆盖,越来越频繁地想起母亲,"回想起母亲生前在自己身边走着的情景,她活像玛丽自己的一个讽刺式的写照"(88)。描述玛丽心结的自由间接引语相比普通叙述语句,能够使读者更贴近人物、近距离感受玛丽的"惧母症",并且具有更强的语义密度——既像是叙述者处在上帝视角讲述玛丽的心结,又像是玛丽本人处在梦魇之中发出的悲鸣,这样一来,读者的阅读感受更为复杂。莱辛以该方式建构了玛丽抵触童年、逃避母亲的真实心理。

正如诗人 Adrienne Rich(1986)所说:"母亲是女儿自身之内的那个受害者,那个不自

---

①　后文出自同一著作的引文,将随文标出引文出处页码,不再详注。

由的女人,那个殉道者。"这会使得女儿逃避母亲,畏惧成为母亲,并害怕继承母亲的全部人生。同时,女儿也会心存希冀,期盼自己能够摆脱母亲生活中的所有束缚,成为"一个真正的自由人"(Chodorow,1979)。如前文所述,在父母亲去世后,玛丽曾经过了一段时间"自由人"的生活。但迈入婚姻后,她不断想起母亲,认为自己没有脱离母亲的生活轨道,因此对于母亲生活中最大的束缚——父亲的憎恨更甚从前。"自己的亡父从坟墓里送出了遗嘱,逼迫她去过她母亲生前非过不可的那种生活"(52)。该自由间接引语就揭露了玛丽内心对父亲的恨意:父亲竟在坟墓里也发出指令,让她去过她母亲过的那种日子。玛丽婚后对父母的情感与玛丽幼年对父母的情感形成照应,玛丽妄图逃脱童年阴影而不得的内心世界跃然纸上。

而玛丽小时候心中罪恶的源头——她自以为已经远离了的"闷人的小店"(98),也因丈夫迪克执意要开,又一次回到她身边。她在帮助迪克摆放货品时,"那些带有化学药品气味的廉价品,那些还没有用过、摸在手上就显得粗糙油腻的毯子,真叫她碰上手就心生沮丧和厌恶"(98)。自由间接引语中描述玛丽心理状态的词语"沮丧"和"厌恶"鲜明地反映了她对杂货铺的情绪。质量低劣的商品和有异味的黑人无疑触发了她对童年时期同样狭窄的杂货铺的记忆,深化了她认为杂货铺堪比世俗地狱的心理活动。

关于玛丽的母亲、父亲以及两人交汇的杂货铺,多丽丝·莱辛一共使用了17句(段)自由间接引语,充分体现玛丽对童年时期所经历及目睹过的家庭、婚姻悲剧的恐惧与憎恨心理。随着三者的消失与复现,她真正变成了童年的囚徒,始终被禁锢在幼时的梦魇之中,逃避母亲,憎恨父亲,对婚姻和家庭的感觉就像对杂货铺里的"黏糊糊的糖果"和"油腻的毛毯"(48),厌恶而又恶心。

2.2 活的挣扎:父权社会的受害者

Foucault(福柯)(1979)在 *Discipline and Punish*(《规训与惩罚》)中提到,当监视无处不在,"权力会自动发挥作用"。女主人公玛丽所生活的南罗德西亚属于典型的父权制社会,是一个人人被监视、人人参与监视的地方。多年来,她遭到邻里持续不断的"闲言碎语",任何一件事情都足以让他们"讨论上好几个月"(2)。作为社会底层穷苦的白人女性,玛丽的地位几乎与黑人无异,在社会各界的监视下,受到了难以抗衡的压力。

玛丽首先面临的是婚嫁压力。她在结婚前从事办公室秘书工作,经济独立,社交自由,在生活中游刃有余。受父母的影响,她讨厌婚姻,反感男女关系,以致看见别人结婚都会"触景感伤",因此直到30岁仍然是独身一人,但却被朋友嘲笑为"一把年纪还不结婚的老女人"(37),玛丽对此非常气愤,"她们把她描述成那种样子,连她自己也不认识自己了!"(37)。朋友虽然同为女性,却在父权制的长期压迫下习得了对女性婚嫁进行约束的话术,自动承担起监视者的角色。在监视与规训下,原本不介怀年龄和情感状况的玛丽第一次认识到了他人眼中自己的角色,独身的信念因此动摇,并且被迫相亲。迪克便是在此时出现的一根救命稻草。玛丽虽在情感上从未觉得迪克是重要的,但与其确定恋爱关系可以将她带离充斥着嘲笑的社交圈。她曾询问自己:"迪克和我又有什么相干呢?毫不相干。"(46)该句是设问形式的自由间接引语,自问自答反映出玛丽对自己相亲的目的具有清楚的认知,即服从社会规训的需要而非自身情感的需要。在父权制度的监视下,玛丽被迫从职场进入了家庭这一"女性空间",并因此陷入童年阴影之下她畏惧万分的婚姻泥沼。莱辛用自由间接引语揭示了玛丽从愤怒到无奈接受的心理变化过程,建构出她在父权制社会压力下无力反抗、被动消极的心理状态。

进入婚姻之后,玛丽又承受着婚姻角色的压力。父权社会对性别的分工和空间的切割使得玛丽的主体性进一步缺失。在性别二元对立的模式中,男性主要从事经济、政治活动,而女性主要从事再生产劳动力的活动。该种模式下,她饲养家禽的能力得不到施展的空间,管理农作物的想法也无从实践,只不过是用自己的存在"装点丈夫光秃秃的小屋"(51)。全书表现玛丽质疑丈夫迪克农作方式的自由间接引语主要集中在第六、七章,共9句(段),表达了玛丽对养殖及农作活动的兴趣,塑造了一个具备管理农场潜能的女性形象。在养殖方面,当迪克兴致勃勃地计划养蜂赚钱时,她敏锐地"觉得迪克这样改变主意,只是一时的兴致;要拿养蜂作为副业这一点,他并没有很好地思考过"(88)。养蜂失败后,迪克又萌生养猪的想法,并带玛丽察看养猪场的位置。在养猪场"她觉得头痛起来,那些大漂石热得不能用手去碰"(91)。"头痛"和"热得不能用手去碰"的感觉都是玛丽的主观感受,而猪崽们最终全部热死的事实也说明了玛丽对畜牧场所的选址有着灵敏的直觉。在农作方面,玛丽反复思考丈夫从不坚持种植同一种作物的方法是否存在问题,并心存质疑,"为什么他看不到这一点呢?他应当明白再不能这样搞下去了吧?""如果他再不改变方法,必定会落到糟糕的下场!"(123)。读者能够从这些自由间接引语中真切感受到她在养殖和农作方面均有着自己的思考,但她的想法却一再被丈夫迪克否定。除此之外,当附近农场的斯莱特夫妇前来拜访时,斯莱特先生与迪克自然地在一旁谈论经营事宜,斯莱特夫人则"习以为常地"(77)和她谈论电影、衣服等与经济政治活动无关的内容。在丈夫有声的规训与社会中其他人无声的规训中,她只得回归到父权制社会所期待的角色中,慢慢接受自己只能成为"贤妻良母"的事实。即使迪克采取的生产方式完全不可行,她也不会出言反对,因为"现在看来同他辩论毫无用处……她有什么可说的呢?""随便哪个女人,嫁了像迪克这样的男人,迟早总会懂得自己只能做两种选择:或者是白白地气愤、白白地反抗……;或者是努力克制自己,任劳任怨,含辛茹苦"(93)。针对畜牧和农作生产,自由间接引语充分表明在社会压力下玛丽服从丈夫的消极心理变化,同时也加强了讽刺色彩——玛丽一方面痛恨家庭的贫穷,一方面被父权制所束缚,想要脱离贫困注定无法实现,最终只能呆坐在沙发的一角,与满目疮痍的屋子相对,精神残缺。

玛丽还面对着父权制社会对已婚女性的规训。从农场出逃至婚前独自生活的城市是她唯一的一次出走。农场生活里的一切——泥土、黑人雇工、双手沾着油垢的迪克,都让她越发难以忍受。"说来真可笑,这些事物怎么会都强加到她身上来的?"这种"可笑"的荒谬感受让玛丽幡然醒悟,在看到报纸上的招聘信息后,她更加坚定要"回到城里去,重新去过那种美好宁静的生活"。自由间接引语的叙事手法也在这时模糊了玛丽内心与外在世界间的区隔,主观和客观叙事巧妙结合。

> 她这会儿正站在烛光摇曳、炉火微弱的厨房里,身旁的一张桌子上放着肥皂和肉,煮饭的用人站在身后预备晚餐。刹那之间,她恍惚起来,仿佛已经离开了农场,回到了往日的生活之中。整个晚上她都陶醉在这个幻想里,不断想着这唾手可得的美好未来。(102)

这一段中,玛丽的语词所指称的内容囊括了以她的视点所能给出的信息维度,以及她所能意识到的当下与将来,激起了她意欲超越的冲动,带领她走向更为广阔的场域,即她梦想得到的美好生活。因此,玛丽满怀着希望于第二天一早立刻出发,却一路遭到自觉承担起监视者和规训者角色的查理·斯莱特、俱乐部与公司的断然拒绝。在出逃路上,玛丽遇到查理"老伴儿上哪儿去了"的盘问时,便开始有了些许心理阻碍,觉得"很惭愧"(103)。这种心理阻碍在俱乐部的女总管告知她已婚女子不被接纳的时候变得更加强烈,并在遭到公司拒绝后达到顶峰,"原先那种突然降临的无忧无虑的快乐心情全毁了","她突然对每一个人都恨之入骨。他们究竟是怎么想的呢?"(104)。外在环境的接连打击迫使有心抗争的玛丽失去意志,"感觉到受了侮辱"(105)。她丧失了精神的支柱,"发觉自己真是到了精疲力竭的地步,无论做什么事都感到疲惫不堪"(106),只好跟随迪克再次回到让她崩溃的农场去。该部分故事莱辛使用了 11 句(段)自由间接引语,对玛丽从计划出逃、出逃中、遭受挫折、回到农场这一过程的心理进行了细腻的描写,投入大量的笔墨展现一个想要奋起反抗的已婚女性不得已颓废下去的心理动态变化。

由此,父权制社会以各种方式完成了对玛丽的规训,她彻底妥协,再未进行斗争,并在长期遭受压迫的过程中将父权制度逐渐内化。直到生命的最后一刻,还将希望寄托在来到南非的新的父权象征托尼之上,"他能救她!"(217)该自由间接引语表达了玛丽的期盼,无疑加剧了讽刺意味,让读者在贴近玛丽想法的同时,扼腕叹息:玛丽本人作为父权制社会的受害者,其期盼注定得不到回应,最终只能走向毁灭。

2.3 死的悲剧:白人秩序的破坏者

Doris Lessing(1974)曾在其作品《微小的个人声音》(*A Small Personal Voice*)中写道,"对于生长在白人统治下的非洲白人而言,要摆脱对非洲黑人的歧视非常难,因为从他能看得见东西的那一刻起,他眼里的非洲人便是低劣的"。歧视黑人是白人群体在南非殖民地中自发建立的秩序。这一秩序在文中随处可见,说明白人社区早已将这一秩序内化。连斯莱特向迪克提出要购买农场时,都要提及"白人南非第一法则",即"不能让你的白人同胞落魄到一定程度;如此事发生,黑鬼会看扁你,会认为黑人、白人都一样"(197)。这些法则与秩序中蕴含着白人维护种族尊严与利益的高傲。而玛丽与黑人摩西日渐亲密的关系只会破坏白人"自我"与黑人"他者"的种族尊严和秩序。玛丽作为秩序破坏者,必将被白人社区的代表斯莱特视为异类。

生活在白人秩序下的南非社会,玛丽对黑人的歧视几乎是与生俱来的。莱辛自第二章便开始使用自由间接引语描述玛丽对黑人的排斥。她虽然从未见过黑人,但也知道他们一天天地越来越"脸皮厚"(31)。因此,她在第一次见到迪克家的黑人用人时就开始防备他,对其行为进行预设,认为他"撒谎""偷东西",还可能会"弄她的衣服,翻她的私人东西!"(64)她还对迪克辞退黑人用人时的悲伤表情感到诧异,"迪克居然舍不得让这个黑人滚蛋!"(65)"惊奇"之外,她又感到无法理解,白人对辞退一个黑人感到遗憾的情感让她觉得十分可怕,因为她"从没想过这些土人也需要吃饭睡觉"(70)。通过这些自由间接引语,莱辛揭示了前期的玛丽尊崇白人秩序、毫不怀疑白人与黑人之间对立关系的心理,她发自内心地不把黑人当人看。

但玛丽这种不把黑人当人的观点很快被逆转。玛丽到农场去代替迪克监视黑人劳工劳作。黑人摩西因为口渴用英文表达了想要喝水的意愿,被玛丽视为"厚颜无耻"(白人一般认为土人说英语是无耻),因此,她情不自禁地举起鞭子抽了他。望着摩西黝黑的脸庞,她惊讶地看到,"又是一滴鲜红的血滴到他胸口,流到他的腰上"(125)。摩西黑色皮肤中流出的是一样殷红的血液,这血液让她"怔住",她第一次意识到黑人也是人。与此同时,父权制的威压发挥作用,在摩西"魁梧"的男性身材前,她感到剧烈的恐惧(125)。自此,玛丽一直按照白人秩序行事的准则分崩离析。她开始在摩西面前示弱,"她又抽抽噎噎地哭起来了,而且当着这个土人的面!"(161)。哭泣本身是一种弱势的行为,而玛丽一次又一次地在黑人摩西面前哭泣,足以说明两人之间白人"自我"与黑人"他者"的权力关系已经发生了逆转。该句自由间接引语中感叹号的使用则表明玛丽在清醒之后对这一逆转感到吃惊与惧怕,充分显示了白人秩序下她内心的纠结与挣扎。

玛丽示弱之后,摩西对她的安慰诱使她进一步打破白人社区的规则。玛丽在婚姻中饱受忽视、孤独和寂寞,因而摩西的温情对她来说显得尤为宝贵。她既排斥又无比渴望这种关怀,"想起他对她说话时用的那种声调,往日那种愤怒的感觉又涌上心头,可另一方面她又被他这种声调深深地迷住"(164)。摩西的体贴如同那滴鲜红的血,玛丽从中窥见黑人的人性,因此外界施加的规则与她内心未泯灭的良知、真挚的情感相互冲突,两种截然相反的情绪交互出现。"白人至上"的种族神话进一步被打破,两人的关系向着亲昵、暧昧的方向发展。这种亲昵与暧昧使得斯莱特先生和新来的男性助手托尼产生对玛丽和摩西也许已经发生性关系的怀疑。斯莱特和托尼作为白人社区的代表,"不由得咬牙切齿,气得脸色发白"(192)。在他们眼中,完整不受侵犯的白人女性身体是最后且最亲密的边界神话,而玛丽无疑打破了这一神话。跨种族暧昧关系的潜台词实际是黑人的强大与白人的式微,因此两人要求玛丽将摩西打发走,以此维护白人的秩序与地位。迫于无奈,玛丽只得将摩西赶走,也因此迎来死亡的结局。

死亡来临之前,玛丽便已感知到摩西可能会报复自己。接下来,是全书最发人深省的一连串诘问:"她做了些什么呢?这是怎么回事?她究竟做了些什么?一切都不是她的自愿,她犯了什么过错呢?"(213)这些疑问句形式的自由间接引语不仅是玛丽在问,是叙述者在问,也是成千上万读者在问:这个悲剧到底是为什么?她有什么错?这是怎么回事?一切都不是她自己的意愿,那么又是谁的意愿?这些自由间接引语语气强烈,振聋发聩。她从白人秩序中逃脱,又回归这一秩序中去;她看出了黑人的人性,又不得不否认这种人性。从具有强烈种族主义精神的白人变成"举止作风古怪又别扭"的"黑人",玛丽从内心深处发出拷问时,她的绝望和沮丧到达顶点,她破坏白人秩序未果,因而崩溃的内心世界完整浮现。

3 结语

从生到死,玛丽背负着"囚徒""受害者""破坏者"三重角色,她摆脱阴影,又被阴影笼罩;她抗拒父权,又被父权规训;她破坏秩序,又被秩序制服。在各种因素的综合作用之下,玛丽不得不以身犯"黑险"。面对婚姻和贫穷的恐惧、白人种族优势论的政治高压等压迫,她的心理活动始终处在摇摆的动态变化之中。莱辛通过近200句(段)自由间接引语,对玛丽的心理活动进行描写,在不同场景下达到了不同的叙事效果,也让读者能够贴近她在各个阶段的所思所想,适时地同情、恰当地讥讽,生动地建构起一个无法逃离束缚、注定走向灭亡的白人女性的内心世界。

参 考 文 献

[1] Banfield A. Unspeakable sentences: narration and representation in the language of fiction [M]. Boston: Routledge, 1982.

[2] Chodorow N. The reproduction of mothering [M]. Berkeley: University of California Press, 1979.

[3] Ehrlich S. Point of view:A linguistic analysis of literary style[M]. London:Routledge,1990.

[4] Foucault M. Discipline and punish:The birth of the prison[M]. New York:Vintage Books,1979.

[5] Leech G L,Short M. Style in fiction[M]. London:Longman Publishing Group,1981.

[6] Lessing D. A small personal voice:Essays, reviews, interviews [M]. New York:Alfred A. Knopf,1974.

[7] Lorck E. Die "Erlebte Rede":Eine sprachliche Unersuchung[M]. Heidelberg:Carl Winter,1921.

[8] Page N. Speech in the English novel[M]. London:Longman Publishing Group,1973.

[9] Rich A. Of women born[M]. New York:W. W. Norton & Company,1986.

[10] 多丽丝·莱辛. 野草在歌唱[M]. 一蕾,译. 南京:译林出版社,2008.

[11] 胡亚敏. 论自由间接引语[J]. 外国文学研究,1989(1):81-84,107.

[12] 吕国庆. 论自由间接引语与乔伊斯的小说构造[J]. 外国文学评论,2010(3):72-83.

[13] 申丹,王丽亚. 西方叙事学——经典与后经典[M]. 北京:北京大学出版社,2010.

通信地址： 430074　华中科技大学外国语学院
　　　　　　岳　琦（yueqi@hust.edu.cn）
　　　　　　张再红（zhangzh@hust.edu.cn）

《马尔特手记》的死亡叙事与里尔克的死亡观

华中科技大学外国语学院　周鹏颖

摘　要：《马尔特手记》围绕死亡展开叙事，主人公马尔特在巴黎以独特的方式目睹了诸多丑陋、无名的死亡，时时暴露在丧失身份、丧失主客体和内外界限的威胁之下，这一极端体验唤醒了马尔特根植于童年的深层恐惧，小说中对死亡和恐惧的书写方式符合里尔克提出的"恐惧造物"的美学理念。笔下的马尔特代替自己深入体验死亡恐惧之后，里尔克开始思考死亡和恐惧的本质，在小说中提出了"自己的死"这一理想，过去贵族式奢侈堂皇的死在这里具有典范性，也提出此种宏大的死在现代已失去其条件和意义。里尔克在该小说中刻画了一种广泛地接纳死亡、不区分生和死的态度。在里尔克后期的诗歌中，死亡不再作为生命中的否定性因素存在，而是被看作存在的一部分，此时诗人里尔克进入了赞美和歌唱死亡的阶段。该小说作为里尔克创作生涯的"分水岭"，对里尔克死亡观的形成和发展具有关键意义。

关键词：里尔克；恐惧；死亡体验；自己的死；死生一体

Death in *The Notebooks of Malte Laurids Brigge* and Rilke's View of Death

Abstract: *The Notebooks of Malte Laurids Brigge* focuses on the theme death. The protagonist Malt has experienced many ugly and nameless deaths in Paris in a unique way, and is constantly exposed to the threat of loss of identity, subject and object, internal and external boundaries. The extreme experience of Paris awakens the deep fear rooted in his childhood, the writing style of death and fear in the novel is in line with Rilke's aesthetic concept of "fear of creation". After Malt's in-depth experience of death fear on Rilke's behalf, Rilke thought about the nature of death and fear, and put forward the ideal of "one's own death" in the novel. The luxurious and majestic death of aristocracy in the past is exemplary here, and it is admitted that this majestic death has lost its condition and meaning in modern times. In this novel, Rilke described an attitude of widely accepting death, not distinguishing life and death. In Rilke's later poetry, death no longer exists as a negative factor in life, but as a part of existence. Rilke came to the stage of praising and singing death. As a "watershed" in Rilke's creative career, this novel is of great significance to the formation and development of Rilke's view of death.

Key words: Rilke; terror; death experience; one's own death; co-existence of life and death

1　引言

从古到今,许多哲学家、作家、诗人等都热衷于探讨死亡的奥秘,人们倾向于从宗教、艺术、神话中寻求精神慰藉,这些载体成为人们克服死亡恐惧的一种手段,然而在理性主义时代,科学却以冰冷的面孔向我们每个生存个体无情地宣告:死亡是一种自然的过程,人终有一死,任何人都无法逃避死亡。莱内·马利亚·里尔克(Rainer Maria Rilke)是一位与死亡有着千丝万缕联系的诗人,他在早期的诗作中就已经开始探讨和思考死亡,从他早期的一些诗歌中,我们发现他对死亡的看法并不悲观,而是从容淡定地看待生与死,如在《图像集》中,死亡被比喻为隐藏在生命笑声中的哭泣:死亡很大/我们是它嘴巴里/发出的笑声/当我们以为站在生命中时/死亡也大胆地/在我们中间哭泣(里尔克,2020)。在《祈祷书》中,里尔克把死亡称为"伟大的死",死亡包含在每个人身上,是生命围着旋转的中心;因为我们只是皮壳和叶子/每个人身上都包含伟大的死/它是万物围着旋转的果实(里尔克,2020)。

《马尔特手记》①(2019)德语全名为 *Die Aufzeichnungen des Malte Laurids Brigge*,这是里尔克首次以长篇小说的形式来探讨死亡问题,该小说以特殊的日记体形式向我们呈现,它由71个没有连续情节、打乱了时间顺序的笔记断片构成,主要内容为一个丹麦没落贵族出身的青年诗人马尔特的回忆与自白,"死亡"作为一个核心母题贯穿其中。主人公马尔特在大都市巴黎目睹了诸多死亡场景:医院里批量化的死亡、大街上陌生人的死亡、苍蝇和狗的死等。马尔特这个带有自传色彩的人物一定程度上可以等同于里尔克自身的写照,里尔克让笔下的主人公马尔特接近和体验了各种各样的死亡,代替自己去深入死亡体验,直面对死亡的恐惧,探讨了一个人如何面对死亡的"勇气"问题,巴黎的极端体验促使马尔特开始思考死亡和恐惧的本质,并开始寻求对抗死亡恐惧的办法。里尔克在小说中刻画了马尔特母系布莱家族对待死亡的一种不区分生与死、广泛地接纳死亡的态度,向我们揭示了生和死是生命中同等的存在,这种对待死亡的态度更接近于里尔克后期诗歌中所体现的死亡观。

早期诗歌对死亡的歌颂历经了马尔特的深入体验之后,里尔克开始把目光转向了俄耳甫斯(古希腊神话中的诗人原型),来到了对死亡有更加深刻理解的阶段,在《致俄耳甫斯的十四行诗》中,诗人对死亡的否定性理解已经破除,死亡成为内化于我们生命中的事物,是生命的必要组成部分。像俄耳甫斯那样攀登着歌唱,里尔克此刻成为一个赞美者、歌唱者和肯定者,来到赞美死亡、歌唱死亡的阶段。纵观里尔克的整个创作生涯,《马尔特手记》堪称"分水岭",该小说可被视为里尔克的诗歌所表达的死亡观的一种实践体验,对里尔克整个死亡观的形成和发展具有重要意义。

---

① 后文出自同一著作的引文,将随文标出引文出处页码,年份不再另注。

2 马尔特的死亡体验

小说中多处描写马尔特的恐惧、孤独,以及大城市、家族的死亡体验。出生于丹麦贵族家庭的马尔特来到巴黎,这座城市呈现给他的是一幅贫困、恐惧、孤独的景象。小说第19节描述了马尔特来到医院,各种各样的病者形象呈现在他眼前,围绕在马尔特周围的有整个脑袋裹着绷带的病者,有长着凸眼的女孩,有牙龈腐烂的女孩,有被他称为"肉团"的中风瘫痪的老人,老人身上穿着殓衣,另外还有无数无名者躺在医院的559张床病床上等待死去。医院的各个角落都充斥着死亡的气息,于是马尔特不得不发出感叹:"这么说,人们来到这里是为了活着吗?我倒宁愿认为,他们来到这里是为了死。"(13)来到街上,马尔特看见一个贫穷的男人摇摇晃晃地摔倒在地,看见一个孕妇步履艰难地沿着一堵散发着热气的高墙向前挪去,并时不时地伸手触摸墙壁似乎要证实墙还在身边。他还看到一个前额长着一大片斑疹的小孩躺在一辆童车里,这个小孩张着嘴呼吸着混合着碘酒、炸土豆用的油脂,以及恐惧气息的空气。看到这一幕幕可怕的景象,马尔特最终发出了这样的感叹:"至关重要的是活着,这才是最为重要的事情。"(13)人的肉体在这样荒诞的环境下毫无尊严地活着,这样的活着也沦为生命意义上最低层次的生存,人们只是维持生命的苟延残喘,无法追求精神层面的享受,更无法追求完满的生活和生命的意义,在这样恶劣的环境下,能够生存下去已是万幸,体面的生活是一种奢求。

在最初的震惊之后,马尔特在巴黎开始了观察的练习,他的目光所及之处是医院、疾病、垂死者,是现代医院中批量生产和计算着的死亡。例如,双目失明、沿街叫卖花菜的老人,在电车上无声无息便断了气的年轻姑娘和她绝望的施救的母亲。他在某个乳品店与邻座猝死的陌生男子建立了某种内在的联系,想象出极端的临终场景,他还看到了众多衣衫褴褛、生存状况堪忧,甚至无家可归的人,这些人被马尔特称为"被抛弃的人"①(67—77)。"被抛弃的人"不仅指经济困难的社会弱势群体,比如乞丐,更多的是指被逐出社会主流之外的"局外人"(Schmidt,2000)。这些"被抛弃的人"在马尔特看来是社会渣滓,是人类的糟粕,他们被命运之神无情地抛弃。他们是被社会抛弃的人们,虽然活着,但仿佛已经死去,他们已沦落为"非己的和游离于社会之外的人",他们被抛进了既无法生存也无法"自己"死去的没有安全的空间中(布朗肖,2003)。所有这些人物都在向马尔特显现着与熟悉可见的生活世界同时在场的另一个世界,这是属于死亡的那个世界,这个世界正是里尔克日后提到的未被我们关注的、未知的、害怕的、充满恐惧的世界。

这个世界对于此时的马尔特而言,的确凝聚着他内心最深的恐惧。Manfred Engel

---

① 被抛弃的人:德语原文为 Fortgeworfene,这是里尔克自创的一个词,字面意思为被抛弃的人,这个词在曹元勇的中文译本中被翻译为流浪汉。

(1997)指出,马尔特的恐惧根源一方面在于他意识到身处巴黎这样的大都市,个体作为一种商品置身其中;另一方面,他意识到失去了童年时的贵族身份,没有阶级地位,没有归属,他在地理上、文化上和语言上都面对着完全陌生的环境,没有熟人和朋友,成为人群中无名的一员。马尔特写道,在夜霜开始降临的秋天,当他看到苍蝇飞到室内企图获取一线生机,然而最终却在房间的各个角落慢慢死去的场景时,他的内心会被恐惧占领;即使周围什么都没有发生,独自一人面对虚空的夜晚,他也会感到恐惧,只得在那些夜晚以"坐着"这种行为对抗恐惧。巴黎的可怕景象在给马尔特带来强烈冲击的同时,也唤起了他孩提时代起就曾经历过的恐惧和死亡体验。马尔特回忆起他儿时面临那些令人恐惧的画面和死亡场景时,就已感到一种无能为力,例如当他的狗死去的时候,他只能焦虑不安地注视着它的眼睛并责怪自己无法阻止死亡。除了来自外部的恐惧和死亡体验外,还有来自他自身的无法言说的恐惧体验——自孩提时代就存在的那个"庞然大物"。小说第19节提到,"就在我倾听着隔墙后面那个急躁的、含混的结结巴巴的声音时,很多很多年未曾重现的那个庞然大物再次降临了。那是在我孩提时代,当时我发着高烧躺在床上,那个庞然大物使我心里充满了最初的、深深的恐惧"(86—87)。无论是儿时还是现在,马尔特都无法将那种无法名状的恐惧用理性的语言描述出来,只能用"庞然大物"一词来指称,这是马尔特出于极度恐惧而想象出来的一个客体,以对抗自身那种没有具体形象、无法描述的异己力量。将内心的恐惧用一种非日常的语言加以物化、客观化,是《马尔特手记》中恐惧书写的独特方式。从表面来看,马尔特的恐惧来自极度敏感的感官,甚至近乎神经质的内心,以至于除了那些直观死亡的景象以外,连日常生活中再平凡不过的画面都能引发马尔特的极端恐惧,而实际上,这符合里尔克创作中期以"恐惧造物"的美学理念。孤独和恐惧无疑是里尔克生命中最重要的两种体验,尤其是成年后在巴黎漂泊时落魄的生活使里尔克对恐惧有着深刻的切身体验,这种根植于内心的恐惧并没有成为他创作的阻力,反而成就了他的创作,促成了他"恐惧造物"这一诗歌创作的美学理念。里尔克在恐惧状态下寻找对抗恐惧的出路,他试图将自身的"恐惧感受"与"物"相结合进行创作,以一种超现实的、图像性的语言,为无可名状的恐惧、为它的不可理解性创造并呈现它们的对应之物,让"物"成为他寄放和转移恐惧的载体,以求实现自己情感的物化。

马尔特的恐惧和死亡体验的独特之处还在于主客体界限的打破和内外边界的缺失,这种体验是以一种内外边界相融合的独特感知模式而展开的。小说第4节提到,"我有一个内在的自我,我自己对它一无所知"(16—17)。马尔特来到巴黎学习观察,感知到每一处的恐惧和死亡景象对他而言是如此熟悉,这一切仿佛深深地刺入他自身,向着内部的远方深入。外界的恐怖景象渐渐攻破了马尔特主体的内部屏障,使他的内部为外界打开了一条通道,以致他的内部渐渐地越来越轻易地被恐惧渗透,对死亡的恐惧也渐渐地在他的血液里流淌,这种恐惧力量也化为马尔特身体的一部分。内外边界的缺失导致外部世界的任何一个恐怖现象都可以轻易地对他产生影响,肉眼观察到的外界的恐怖景象渐渐渗入他的内部,变成内生于主体的事物。主体内部的防御机制也渐渐被恐惧吞噬,使他的内部面临一种全然敞开式的处境,导致马尔特最终缺失对外部环境的防御能力,让他迷失在内外边界缺失的尽头,迷失在恐惧中。马尔特的死亡体验正是以这种内外部边界融合的独特模式展开的,然而主体界限的打破、内外边界的缺失却给他带来了与日常习以为常的事物完全不同的、全新的、更加深刻的体验,这些体验使得他能逐渐深入内心深处那些黑暗的、恐惧的角落,有更多的机会临近死亡的边缘,渐渐熟悉死亡,接近死亡。

可以说,马尔特所描写的整个外在现实,都是其内心恐惧的对应物,反之,外部的经历也是不断探入自身内部、与自身的恐惧相处的过程。历经一系列的死亡和恐惧体验后,马尔特有了更加深刻的反思,如小说第 47 节提到,"除了通过我们自身的恐惧,我们无从了解这导致恐惧的力量是什么……随着时间的推移,我早已相信,这种力量就是出自我们自身"(221)。人们习惯于熟悉的、可理解的事物,忙于生活中一些琐碎的、功利的营生,对生与死的区分让死亡逐渐成为一种陌生的、可怖的、否定我们的东西。马尔特逐渐认识到,恐惧其实是我们生命中的一种力量,这股力量不是来源于我们的外部环境,而是源于我们自身对这种否定我们的力量的抗拒和疏离,而这力量本该为我们所熟悉,是我们生命的一部分,现在我们却对它一无所知。马尔特渐渐明白,只有当我们能够真正地接受这种抗拒和疏离时,我们才能把这种虚弱无力变成生命中一种正向的力量。

3 何为"自己的死"

在小说中,马尔特描写和想象了各个时代、各种形式的死,尤以近乎讽刺的笔触描述了现代大城市中无名的、茫然的生,和丝毫不被严肃对待的、潦草的死。在科学技术和商品经济日益占据统治地位的时代,人的死亡也逐渐沦为了批量生产的产物,而医院和疗养院这样的机构正是当今社会批量生产死亡的场所。马尔特观察到这一切后,提出"自己的死"这一概念,那么,到底什么样的死才符合马尔特所谓的"自己的死"呢?

首先,在家体面而有尊严地死去,而不是被隔离在医院和疗养院等场所,符合马尔特所谓的"自己的死"。如小说第 9 节描写了那些衰老和萎缩的女人们躺在一张犹如舞台的巨大的床上静静地等待着死去,她们面对着自己的家人、仆人以及猎狗,以一种考虑周详和极具尊严的方式等待死亡的降临。相较而言,巴黎这样的大都市充斥着批量化、机构化的死亡,死亡已沦为高速运转的现代商品社会中一件毫无特殊价值的商品。随着科学将死亡解释为某些无法治愈的疾病的结果,各式的医疗机构也把临终的痛苦和恐惧隔绝在人们日常生活的空间之外,在马尔特看来,这种机构化的死无疑可被视为"自己的死"的对立面。

其次,"自己的死"是一种被严肃对待的、被赋予充分的时间和仪式感的死。小说第 7 节提到,"然而,要是一个人死的时候是在家里,那么相当自然的是选择一种体面的死法;为此,可以说,就得举行一场第一流的葬礼,包括葬礼中那些漂亮仪式的所有程序"(23)。而这一理想的典范无疑是马尔特的祖父老侍从官克里斯朵夫·戴特莱夫·布里格的贵族式的宏大的死,这在第 8 节得到了极详细的描述。这位患水肿病的庄园主人老侍从官克里斯朵夫一开始便被认为拥有他"自己的死",他的死一直蕴藏在他的体内,老侍从官在他的整个一生中都携带着"自己的死"并慢慢滋养着他"自己的死"。侍从官的死在自家那幢巨大而古老的庄园进行,历时两个月之久,在他等待死亡的期间,一大队男仆、女仆簇拥在跟前,随时听候克里斯朵夫的呼唤,随时为他的死做准备,可以说整个庄园上上下下的人都在为他的死忙碌和服务,甚至连猎狗都受到这种死的氛围的感染。老侍从官克里斯朵夫这种被赋予充分时间慢慢滋养的死、被整个庄园的人严肃对待的死在马尔特看来是一种相当体面且有仪式感的死。

另外,把死亡当作人生的积极范畴而非消极范畴看待,有意识地从死亡出发更好地把握生命的本质和存在的意义,也符合"自己的死"的要求。正如存在主义哲学家海德格尔认为,人在本质上是一种向死的存在,人的最本真的存在就是死,生存便意味着必然地走向死亡,在主观体验的时间上,每一刻都存在死亡的可能性,致思于死亡便意味着本真地去生存。小说第 7 节提到,"即便是那些富裕的、有能力负担那种种奢华仪式的人们,也开始对死表示满不在乎,觉得这件事是无关紧要的。希望拥有一个属于'自己的死'的人越来越罕见……我们来到这里并且找到一种早已为我们准备好了的生活;我们只得上演这种生活。当我们想要离去或是当我们被迫离去的时候,我们就离去"(22)。如果人们只得上演早已为我们准备好的生活,这就不是自己的生;如果我们想要离去或是当我们被迫离去的时候我们就离去,这也不属于"自己的死"。因此,只有向死而生,领悟死亡的意义从而认识生存的最终意义,领悟生命的基本价值和最终追求目标,从而使生命的状态达到理想和完满时,我们便拥有了属于"自己的死"。

"自己的死"的另一重含义是对死亡的掌控,马尔特的祖母玛格丽特·布里格夫人是一位身材高大、很难接近、严厉的老妇人,哪怕只是几滴无关紧要的酒渍也会招来她的责难,她甚至无法忍受家中的仆人生病受伤,这样一个在家族中拥有权威的女性意图控制家中的一切,甚至想控制自己的死亡时间,"因为她经常想到死,想到她早该死了。但是她不想死得这么匆忙。她当然会死的,但要在她觉得高兴的时候;然后,其他所有人才可以紧随其后去死,如果他们着急去死的话"(164)。正如莫里斯·布朗肖(2003)在《文学空间》中提到"自己的死"这个愿望有其个体形式主义的根源:"人们愿意死去,但要按自己的时刻,以自己的方式去死。人们不愿意像随便什么人,以随便什么样的死法去死。"布里格夫人最后死在了城里,她的死带着一种孤独凄凉的氛围,死去的时候身边没有家人,她最终没能拥有马尔特所谓的"自己的死"。

接着是马尔特的父亲,他也没能像祖父一样拥有"自己的死",出身贵族的他最后死在了一间出租公寓里,实施心脏穿孔手术是他的遗愿——为了在死亡这件事情上也确保万无一失。在父亲的心脏被刺穿的刹那,马尔特意识到"布里格从今往后不复存在了"(212—213)。父亲的死以心脏穿刺这一仪式真正宣告了"布里格式"的死亡的终结,布里格家族的血脉从此中断,整个布里格家族随之逝去。正如小说第39节提到的"名门望族失去一切的时代已经到来"(177)。为这一切叹息的马尔特也意识到自己面临着一个新的开端,急需一个新的身份,找到一种新的与死亡的关系,而正在此时,母系的布莱家族与死亡的关系为他揭示了一种全然不同的可能性。

布莱家族的死亡体验与布里格家族的死亡体验大不相同。马尔特的舅舅热衷于捣鼓炼金术实验;马尔特的姨妈与招魂术士保持着紧密的联系;马尔特的外公见到死者十分镇定;只有一只眼睛能动的表弟艾里克也异常神秘……手记第15节写到在一次家庭晚宴中,马尔特的姨妈克里斯蒂娜·布莱的鬼魂回来的场景,"在门口朦胧的光影中,走出一位纤弱的、身穿浅灰色衣服的女士,她脚步徐缓,朝着我们走过来"(53),而在这个瞬间,表弟艾里克深鞠了一躬并把她身后的门关上;外祖父见到克里斯蒂娜也十分镇定,他面带微笑并制止马尔特父亲的粗鲁行为,仿佛他们早已习惯这种场景。表弟艾里克敢于在夜里和克里斯蒂娜一起寻找她的画像;在马尔特的姐姐英格褒的葬礼之后,小狗围着大家肉眼看不到的东西转来转去,仿佛英格褒又回来了一样。另外,布莱家族里每个死去的人都会有画师画像,他们的画像会被挂在大厅,这一家族中活着的人与画像上的死者似乎生活在同一个时空,与他们依旧有着密切的联系。

布里格家族和布莱家族呈现出两种截然不同的生死观。布莱家族的人与死亡和鬼魂有着特殊的亲缘性,徘徊在生和死、在场与不在场的边缘和临界点,生和死于他们而言没有明确的界限,死者仍然存在于生者身边,不区分生与死。因此,这种对待死亡的态度也不存在"自己的死"一说。而布里格家族对待死亡非常严肃,他们敬畏死亡,同样也畏惧死亡,他们追求"自己的死",甚至意图掌控"自己的死"。布里格家族所呈现的"自己的死"包含着明显的贵族情结和对往昔时代的向往。然而,在现代条件下,这种名门望族式的死失去了其存在的根基,马尔特也清楚地意识到,这种贵族式的宏大的死,早已属于过去,并试图转向布莱家族的这种不区分生与死的态度,后者显露出里尔克后期的死亡观。

4 里尔克的死亡观

《马尔特手记》向我们呈现了布里格家族和布莱家族两种截然不同的生死观,布里格家族死于"自己的死",这对应着里尔克前期诗作中所体现出来的死亡观,而布莱家族那种不区分生与死的态度更符合里尔克后期作品中所呈现出来的死亡观。

布里格家族死于"自己的死",赋予死亡以充分的时间和体面,慢慢地在身体内滋养"自己的死",里尔克曾在《时辰祈祷书》中歌颂这种独特的死为"伟大的死"。他在早期诗歌中祈愿,"主啊,给每个人以其独特的死",里尔克在《马尔特手记》中也提到,"我们每个人的死都裹藏在我们自己的身体里,就像是一粒水果包裹着它的果核一样"(23)。然而马尔特来到巴黎后,看到的是医院里的 559 张可提供死亡的病床,目睹了众多无意义、无个性的消亡,他开始对这种无个性的消亡产生恐惧,害怕死于这种无个性的消亡,认为这不属于"自己的死"。亲身体验到了现代化进程给人的生存带来的困境,面对着种种异化,诗人里尔克的内心越发不安,曾经歌颂的"伟大的死"早已不在,取而代之的却是这样一种批量生产化的"渺小的死"和"荒诞的死"。里尔克让马尔特代替自己体验这种"渺小的死"和"荒诞的死"之后,他对待死亡的态度是否发生了改变?他是否还能真正地如他前期诗歌中那样歌颂死亡?

处于当下困境中的马尔特不断地找寻出路,以求对抗这种无个性消亡的恐惧,此时布莱家族对待死亡的态度为他提供了新的出路,布莱家族不严于区分生与死,把生与死视为生命中的统一体,不把死亡作为生命中的否定性因素看待,而是把生存与死亡同等地看成生命中的积极因素,这说明里尔克开始试图去接纳死亡、肯定死亡以消解对死亡的恐惧,里尔克也在其后期诗歌中多次呈现出这种死亡观,如里尔克在《杜伊诺哀歌》第一首中就提到,"一切生者/犯有同样的错误/他们太严于区分"(7)。然而《马尔特手记》中刻画的这样一种全新的对待生存与死亡的态度是否真正能被他认可和接受?他是否能真正地如他后期诗歌所言不区分生死、不区分美丑,同等地接受一切?

《马尔特手记》中提到"我非常仔细地观察着这一切,突然想到……我终于抵达了生命中的那个'点',那将是我的归宿之处"(85)。生命中的这个"点",即领悟和接受死亡的那个"点",死亡也在此被马尔特理解为生命中的某个"点",死亡是属于生命的,而不是世人所理解的被排斥在生命之外的那部分,由此可见,在思想上,马尔特已领悟到生死一体的境界,即不区分自己的生,也不区分自己的死,那么他是否能真正达到不区分生死的境界,去接受生命中的这个"点"?

小说第 16 节写到有一个头发花白的老妇人从她紧握着的手里慢慢地推出一支长长的铅笔给马尔特看,"在一家商店的橱窗前,这个矮小的白发老妪竟然在我身边站了足足一刻钟,同时从她污秽的紧握着的手里极其缓慢地推出一支长长的旧铅笔,让我看……因为我非常清楚那支铅笔本身说明不了什么;我觉得,那支铅笔是一个暗号,一个打给知情者的暗号,一个只有流浪汉才会懂的暗号"(61—62)。在马尔特的潜意识中,这支铅笔似乎是一个约定好的暗号,一个只有流浪汉才明白的暗号,他顿时感到自己似乎与流浪汉之间存在着某种约定,这些巴黎街头的流浪汉,这些一无所有的边缘人群,正因为他们一无所有,他们与死亡的距离才那么近。此刻,马尔特距离生命中的那个"点"那么近,拿着铅笔的老妇人的出现对马尔特来说是一种考验,能否鼓起勇气接过这支铅笔正是对他能否接受生命中的这个"点"的考验。然而,马尔特没有勇气接过老妇人手中的铅笔,他没有勇气放下生命中所占有的一切,他害怕所有意义的消散,无法承认自己和他们是同一类人。马尔特最终还是逃离了这最后一步,可见他仍然带着一种否定和区分的眼光逃避着生命的另一面,这足以证明马尔特虽在思想上已经领悟到生命中的那个"点",但事实上他仍然无法接受,无法真正做到不区分,而是迷失在对死亡的恐惧中。

马尔特已经来到了这个"点",却无法鼓足勇气跨出这一步,仍然无法带着肯定和不区分的眼光去接受死亡这个时刻。正如李永平(2000)提道:"《马尔特手记》道出了承受死亡的真实经验,但并没有真正解决和回答如何把有限融于无限,以及在何种基础上把死亡之否定性转化为肯定性的问题。"然而,虽然《马尔特手记》没有明确指出如何把对死亡的否定转化为肯定,但作者让马尔特深入恐惧和死亡的体验,深入边缘之人周围,这已经足以证明作者已经在通往这个转化的方向上努力,在通往一个没有区分的境界努力。这种对死亡肯定性的理解对于里尔克在后期诗歌中对死亡达到更深层次的理解是至关重要的。历经巴黎极端的死亡恐惧体验之后,里尔克开始把目光转向了俄耳甫斯,里尔克在《致俄耳甫斯的十四行诗》第二部的第十三首中对死亡的理解达到了更深的境界(里尔克,2005):

永远像欧律狄刻一样死去吧——攀登着歌唱,
攀登着赞美,回到那纯洁的关系。
这里,在消失者中间,在这衰微的国土上,
去做一只鸣响的杯子,它已哐啷一声粉碎。

存在吧——同时要了解非存在之条件,
它是你内心振动的无尽根基,
惟有这一次你才能完全实现它。

希腊神话中的俄耳甫斯为了拯救已故的妻子欧律狄刻并把她带回人间,一路歌唱着来到冥界,他优美动听的歌声感动了冥界王后珀耳塞福涅,就在返回人间的路上时,俄耳甫斯忍不住回头看了妻子一眼,由于违背了诺言,妻子欧律狄刻再也无法回到人间,正是这向后的一瞥导致他永远失去了妻子。彼时的俄耳甫斯歌唱是为了把妻子从死亡中救回,是否定死亡的行为;而在这首诗中,诗人借助俄耳甫斯这一艺术形象对死亡重新进行了阐释,诗人认为"非存在"是"存在"的条件,"非存在"是一个无尽的根基,只有通过"非存在"才能实现"存在"。此刻,死亡不再被看作生命中否定性的一面,而是组成生命完整的一部分,被看作生命中的可能性和必要条件,因此,死亡在此刻获得了肯定。在这首诗中,俄耳甫斯已经来到了一个新的阶段,此时的他歌唱不再是为了从死亡中救回妻子,而是为了赞美死亡,只有赞美死亡的俄耳甫斯才能攀登到纯洁的关系中,才能实现真正的歌唱。所以,在这首诗中,死亡并非意味着结束,死亡只是分离,欧律狄刻的死,仅仅是与俄耳甫斯的短暂分离。于是诗人唱出了"永远像欧律狄刻一样死去吧——攀登着歌唱",欧律狄刻历经了从生存到死亡再到重生的过程。在诗人看来,欧律狄刻并没有死去,而是回到了那"纯洁的关系"中,以另一种方式继续存在着,生与死在欧律狄刻的身上也合为一体。如果我们把死亡看作存在的一部分,坦然接受死亡,让死亡成为生命中的一部分,那么死亡便不再作为一种否定的东西而存在,换言之,只有接受死亡是存在的一部分,生命才是完满的。

如果说里尔克在《马尔特手记》中通过书写布莱家族与死亡的关系向我们传达的还只是"不区分自己的生,也不区分自己的死"这样一种看待生命与死亡的观念;在《十四行诗》中,里尔克的死亡观不只是停留在不区分生死的层面,而是来到了赞美死亡,歌唱死亡,完全把死亡作为内生于生命中的一个肯定因素来看待,这表明里尔克对死亡的理解到达了更深的境界。在里尔克看来,生存和死亡是一个统一体,死亡属于未被照亮的那部分,未被照亮的那部分也是需要我们认真对待的,这是一件需要我们去完成和超越的事。

既然死亡无处不在,是生命的本质,那么我们如何才能超越死亡?里尔克似乎也在《马尔特手记》中给出了他的答案——以爱超越。马尔特转而探讨"无具对象的爱",一种"不具有占有关系的爱",仅仅在为了实现自我的爱中找到满足(Schulz, 1995)。《马尔特手记》中刻画了众多女性爱者的形象,如第57节描写了单恋歌德的少女贝蒂娜,贝蒂娜对歌德的爱无须回应,这种无须回应的爱,其本身就是爱的呼唤与回答,也即"无具对象的爱"或者说"不具占有关系的爱"。这种超越对象的爱,突破了占有性的关系,超越了有限性。真正的爱是"照透"而不是占有,是将自我从限制、对立与占有欲中解放出来的力量。同样,当我们突破一种占有性的关系来看待生与死,不区分生死,不把生命当作我的一种占有物去看待时,我们就已经突破这种占有生命的关系,回到那纯洁的关系中。只有把目光延伸到无限时,我们才能与无限建立联系,超越死亡,真正达到生与死的统一。

参 考 文 献

[1] Engel M. Weder Seiende noch Schauspide Zum Subjektivittsentwurf in Rilkes Aufzeichnungen des Malte Laurids Brigge[M]// Hauschild V. Rilke Heute[III]: Der Ort des Dichters in der Moderne. Frankfurt: Suhrkamp, 1997: 181-200.

[2] Schmidt H. (Kommentator), Die Aufzeichnungen des Malte Laurids Brigge: Text und Kommentar[M]. Frankfurt: Suhrkampf, 2000.

[3] Schulz M. Rainer Maria Rilke: Die Aufzeichnungen des Malte Laurids Brigge[M]//Philipp R. Interpretationen: Erzählungen des 20. Jahrhunderts Band I. Stuttgart: Reclam, 1995.

[4] 李永平. 里尔克后期诗歌中关于死亡的思考[J]. 外国文学评论, 2000(2): 5-13.

[5] 莫里斯·布朗肖. 文学空间[M]. 顾嘉琛, 译. 北京: 商务印书馆, 2003.

[6] 里尔克. 里尔克精选集[M]. 李永平, 编选. 北京: 北京燕山出版社, 2005.

[7] 莱内·马利亚·里尔克. 马尔特手记[M]. 曹元勇, 译. 北京: 北京十月文艺出版社, 2019.

[8] 里尔克. 里尔克诗选[M]. 李永平, 编选. 长春: 时代文艺出版社, 2020.

通信地址: 430074　华中科技大学外国语学院
　　　　　　周鹏颖(710127879@qq.com)

《杨贵妃传》:日本文学与日本现实社会的对话

华中科技大学外国语学院　吴　可

摘　要:《杨贵妃传》是日本作家井上靖于1963年至1965年连载的一部历史小说。本文基于该文本,分析了小说中安禄山叛变并称帝后高力士发表的对于民众和施政的态度和看法,结合小说创作当时的日本现实社会和作家本人,探讨这一文学现象与日本现实社会及作家本人之间的关系,发现小说传达出民众是社会的主体、施政的好坏终究会被时间和民众所验证、施政应该顺应民意的倾向。或许作家借文本的创作表达了对当时日本政府的施政(如签订《日美安全保障条约》)破坏和平民主,违背民意行为的不认同感。这恰恰体现了作家的社会责任与担当。

关键词:《杨贵妃传》;日本社会;民众;施政

Yang Guifei: The Dialogue between Japanese Literature and Realistic Japanese Society

Abstract: *Yang Guifei* is a historical novel by Japanese writer Inoueyasushi serialized from 1963 to 1965. This study analyzed the views of government administration and people in the novel. What's more, it contacted Japanese society in the 1950s and 1960s, studied the relationship between fiction and Japanese reality society. It is found the novel conveys ideas that the people are the main body of society, and the quality of administration will eventually be verified by time and the people, and the administration should conform to the people. Perhaps through the novel, the author expressed the disapproval of the Japanese government's act (signing the *US-Japan Security Treaty*) that destroys peace and democracy, which is against the opinion of the public. These all reflect the writer's social responsibility.

Key words: *Yang Guifei*; Japanese society; people; administration

1　引言

《杨贵妃传》[①]是日本作家井上靖于1963年至1965年在《妇人公论》连载的一部历史

---

① 后文出自同一著作的引文,将随文标出引文出处页码,不再另注。

小说,展示了唐朝朝堂和后宫中诸如国家、政治、社会、家庭、人性等诸多方面的问题,其中暗藏着诸多矛盾与冲突。安禄山叛乱更是让这种潜在的矛盾达到了高潮并将唐朝社会的诸多问题暴露出来。本文拟对小说高潮部分——安禄山叛变并称帝后高力士对政府施政和民心向背的态度和看法进行分析,结合当时的日本现实社会和作家本人,探讨文学文本中的现象与日本现实社会现象及作家本人之间的关系,借此浅窥作家的创作意图。

2 民众

整部小说的高潮便是安禄山叛变并很快称帝建立燕国,由此引出小说中十分重要的一部分,即关于小说中人物高力士对民众与施政的讨论。对安禄山称帝这一事件,小说首先只是简单地描绘了除高力士之外的其他人对此的评价——安禄山不仅叛变,现在甚至还称帝了。对此,玄宗大怒,"在此之前,对反抗自己而起兵的安禄山也感到愤怒,可是说到底,也不过是对叛军主将的愤怒,而如今却完全不同了。安禄山不是叛军的指挥,而是以皇帝之名要取代自己的对手了"。贵妃也大怒,贵妃认为"厚颜无耻的安禄山的看不出是聪明还是愚蠢的脸面,忽然之间变成这个世界上最恶劣的东西了",此外"唐朝所有的廷臣们如今对于暴露了本来面目的安禄山,都感到无比愤怒"(207)。然而,"只有宦官高力士稍稍不同"(207)。高力士并没有感到一丝愤怒,而是"看上去比平常更加沉着,更加冷静",认为"杂胡小子终于当上皇帝了"(207),"好像唠叨这些很有兴趣似的,对贵妃深入浅出地讲解"(207)。

在贵妃看来,安禄山称帝建立新的国家这一举动是大逆不道的行为,让这样的行为横行是天理不容的,但高力士对此却有自己的想法,他"放低了声音"说道,"妃君,请您听着。我们唐国,不也是这么建立起来的吗?所谓国这种东西,什么时候都是这么建立起来的"(207)。接着,高力士发表了对这一事件关于国家、民众、施政的看法,随即小说对此给予了评价,认为"在这个非男非女的宦官的话语中,有一种面临国家大事,把国土和掌权者都可撇开的觉醒"(208—209)。

小说中,首先,高力士表示,"我国若是强盛,大燕必亡,我国将存续下去。我国若是软弱,国家必亡,必将由大燕国来代替。但是,我国是强是弱谁也不知道。单有强兵不能说就是强国。国家的强弱,取决于民心的向背。这是陛下也好,妃君也好,我老头子也好,都难以理解的事情"(207—208)。从这句话可以看出,高力士强调了民众在国家中所占据的重要地位,而小说为什么会特意强调民心向背对于国家的重要性,又为什么特意强调民众对于国家和社会的重要作用,甚至有一种认为民众才是国家和社会的主体的倾向呢?

这或许和第二次世界大战后日本社会的"民主化进程"有关。战败后的日本的"民主化改造"政策被美国占领当局所推行(孙宝坤,2022)。对于天皇,"盟军最高司令允许天皇继续在位,但美国坚决要求日本推进政治信仰程序的'民主化'"(麦克莱恩,2020)。美国占领当局开始准备制定日本新宪法(孙宝坤,2022)。"1946年初,公众流传的绝大多数宪法草案都带有强烈的'自由主义'色彩,呼吁剥夺天皇特权,主张由人民重新界定君主权利,并要求确保公民的权利"(麦克莱恩,2020)。1946年11月3日,日本公布了由美国占领当局主导制定的新宪法——《日本国宪法》,也叫"和平宪法"。该宪法于翌年5月3日生效(孙宝坤,2022)。《日本国宪法》中不再有君权神授说,它用人民主权的立宪原则代替天皇过去所拥有的一切特权。《日本国宪法》的序言中规定"主权属于国民"(徐睿,2017)。《日本国宪法》"从根本上改变了天皇在日本政治生活中的地位"(麦克莱恩,2020)。这部宪法,真正贯彻了麦克阿瑟所谓的"主权在民"原则(孙宝坤,2022)。

但是值得注意的是,占领改革只是给日本穿上了民主制度的外衣,占领初期日本的"民主化改革"是不彻底的,与民主化改革背道而驰的国权理念最终主导着战后日本重建,国家前途命运依旧由极少数政治、文化精英操控(牟伦海,2021)。尽管1946年日本发布《日本国宪法》,即"和平宪法",但在后来日本国内也掀起了一波又一波的修宪风潮。在冷战前期(1948—1960年),日本修宪思潮发轫。1954年时任首长的鸠山一郎公开将修宪写入党纲。(孙宝坤,2022)。而美国对日本国内的修宪浪潮视若无睹。这是因为,虽然"和平宪法"的颁布给日本带来了经济的繁荣和与其他各国共享和平的保障,但是随着美苏冷战的开启和国际形势的改变,美国对日政策很快发生改变,从"惩罚"变为"扶植",而这也导致了美国对日本的"民主化改造"发生了颠覆性逆转(孙宝坤,2022)。修宪浪潮也产生了修宪论和废宪论两种论调,"废宪论认为'和平宪法'将天皇摒斥于政治生活之外",必须废除天皇(孙宝坤,2022),而"无论是修宪还是废宪,都是对和平宪法开刀,都是旨在将日本拉回到战前军国主义老路上去"(孙宝坤,2022)。

或许,正是在这样的社会环境下,小说重新提起民众对于国家社会的重要性,认为民众才是社会的主体。而这其中或许正暗含着作家对当时日本社会的思考。

此外,这或许也和20世纪50年代日本"大众社会"概念兴起的背景有关。王新生(2013)提到,"1956年11月号的《思想》杂志发表了政治学者松下的论文,其在论文中指出,所谓大众社会论是指在近代社会中,资产阶级等市民阶级成为政治、经济主体的市民社会,在发达国家,阶级分化及阶级对立逐渐消失,社会是由称为'大众'的大量均质性人群构成。在日本,由于战后改革扩大了政治权利,社会逐渐平等化,原来的封建性的支配关系崩溃。此外,由于教育的普及,人们的知识水平也得到提高,并且经济发展使收入差距减小,原来的少数精英和多数大众的对立消失,逐渐变成大众社会,并引起大众社会论的讨论"。

由此可见,在这样的长期的社会背景下,井上靖在笔下书写时依然会突出强调民众对于国家和社会的重要性,强调民众才是社会的主体。

3 施政

除了强调民众对于国家的重要性,民众才是社会的主体之外,高力士还表达了一种施政的好坏终究会经过历史的检验并且证明其好坏对错的倾向,"陛下所施政治的好与不好,在平时是弄不清的——过去是不明不白地过来了。但是,弄清楚这个问题的时候正在到来"(208)。而"弄清楚这个问题的时候"便是安禄山叛变以后了。从开元盛世到安禄山叛乱,这毫无疑问与唐王朝最高掌权者玄宗的施政息息相关。

对于开元盛世,小说中虽然说过"使玄宗皇帝得以有开元之治的原因是什么,这是谁也不知道的。不消说,玄宗自己也不知道"(31),却也对此有过暗示,"臣下们把世上的太平,尽归于古今稀有的明君玄宗名下","年轻的玄宗对此没有给予否定。他自己也以为确系如此"(31),可是,"年过五十的玄宗,常常想起姚崇、宋璟、韩休三个宰相","实际上是想将这三十年间太平的原因,都归结在自己登基四年就罢免了的宰相姚崇身上"(32)。姚崇任宰相期间,对玄宗提出了"十条备忘录",诸如"废除苛法,施行宽大的政治,不准宦官干政,准许进谏,不得任外戚为官"等要求,并说"皇帝如果答应照办就干,否则就辞却相位"(32)。对于这些,"年轻的玄宗条条都照办了"(32)。"可是现在的玄宗,却一条都没有照办"(32)。经历过开元盛世之后的玄宗不再有年轻时的意气风发,不再励精图治,而是变成了一只沉睡的狮子,注重享乐并沉溺于女色中,很多时候并不承担作为帝王的社稷责任。"到了年过五十的现在,好像方才明白了照这些办对于执掌天下大政的人来说是多么重要"(32)。

可即便是好像明白了"照这些办对于执掌天下大政的人来说是多么重要",作为掌权者的玄宗也依旧不改变,不期待甚至不容许自己身边出现这样进谏的宰相。对此,小说这样写道"但是,玄宗现在一点儿也不期待出现这么三位宰相。这样的人物,允不允许他们今天在自己的身边存在,都甚为可疑"(33)。因为在玄宗看来,"就算没有他们,也能毫无影响地治理天下"(33)。可事实却恰恰相反,现如今的唐朝不再有开元盛世的景象,而是变得不安,诸多不安的因素开始骚动。而最终,这一盛世太平的背后涌动的暗流爆发了出来,安禄山叛乱并且公然称帝。而唐王朝也自安禄山叛乱一役大伤元气,走向了衰弱。正如安禄山称帝后高力士所说的"陛下所施政治的好与不好,在平时是弄不清的——过去是不明不白地过来了。但是,弄清楚这个问题的时候正在到来"(208),过去玄宗作为唐王朝绝对的掌权者,所施行的政治的好坏,在平时并没有显现出来,但是,最终安禄山的叛乱便是玄宗施政不当的后果,也是一大证明。安禄山的叛变,导致生灵涂炭,唐朝国力从此开始走下坡路。从开元盛世到国力衰微,在这个过程中,固然有着诸多不可预料的因素,但是显然玄宗的施政不当负有主要的责任。

小说成书的背景正是20世纪60年代的日本,当时日本以经济为重、集中一切力量发展经济的政策被历史证明是不太妥当的,与小说中反复强调的施政的好坏终究还是要交给时间来检验,也终将被验明的旨意相符。20世纪50年代,日本在吉田茂首相的主导下走上了集中一切力量发展经济的道路,却在发展经济的时候忽视了经济发展带来的一系列环境污染问题,造成"20世纪50年代晚期和20世纪60年代,成千上万的工业城市居民受到了污染带来的疾病的袭击"(麦克莱恩,2020)。直到60年代,人们才意识到过往只注重经济发展的政策和措施给人类自身带来的反作用,于是,在社会运动的驱动下,"到1967年,日本国会终于通过了全面的《污染对策基本法》"(麦克莱恩,2020)。由此可见,政府施政的好坏终究会被时间和民众所验明,民众才是社会的主体。

4 施政好坏与民心向背

最后,高力士表达了对于施政的好坏与民心向背之间关系的看法,"若是陛下的政治是正确的,民众就会帮助陛下。忠臣必定到处崛起,往赴国难。倘若陛下的政治不正确,哪怕一个人,都不会出现殉节的。总之,这个时刻到来了"(208)。而为什么小说中反复强调施政的好坏终究是会被历史验明的,并探讨了施政的好坏和民心向背的问题,这从日本当时的社会背景可以窥见一二。

"20世纪50年代知识文化人的和平主义思想和行动的主流是围绕改宪、反核武器、反安保斗争展开的"(舒方鸿,2012)。"1951年9月8日,美国国务卿艾奇逊和日本首相吉田茂签订《日美安全保障条约》,两国依此于次年签订《日美行政协定》,标志着美日安保关系的确定"(钱栖榕,2018)。"在1956年秋,吉田茂成功地导引《和平约约》和《日美安全保障条约》获得国会通过。但是日本公众对于旧金山体制保持着矛盾心理,这使得吉田茂本人的支持率大跌"(麦克莱恩,2020)。1960年1月,岸信介首相访美签订《日美新安保条约》。从此,两国军事同盟性质加强(钱栖榕,2018)。此条约是冷战背景下的产物,条约针对"共产主义集团",自然也针对当时的中国(周永生,2020)。

但也正是从20世纪50年代日美签署《日美安全保障条约》以来,日本社会陆续发生了多起反抗政府推行该政策的抗议活动。"20世纪50年代,'和平宪法'刚刚实行不久,自民党就企图修改宪法。但是在革新政党和爱好和平力量的坚决反对下,修改宪法第九条的企图未能得逞。围绕与修改宪法密切相关的强化《日美安全保障条约》问题,革新政党同样展开了长期的、针锋相对的斗争。这一斗争在60年代达到了高潮"(麦克莱恩,2020)。当时很多知识分子和民主和平思想政治家也参与了反对《日美安全保障条约》的斗争。1959年3月,阿部知二等28名学者发表"安保改定反对声明",5月竹内好辞去独立大学教授职务以表抗议。1959年,宇都宫德马随石桥湛山访问中国,回去之后在日本发表对中国的看法，认为和中国发展亲善的关系，无论是对保守还是革新政治家来说都是重要的课题。此外，对于日本追随美国的亚洲策略，宇都宫德马本人持批判意见，致力于改善中日关系（舒方鸿，2012）。

而20世纪60年代反安保的社会运动达到了高潮。"60年代日本的社会运动主题就是反核、反战、反政府不当施政"（王新生，2013）。1960年1月，岸信介赴美签订《日美新安保条约》后就受到了国内社会党的反对，社会党组织抗议活动反对新安保的签订（尹玲，2019）。"1960年5月19日，岸信介内阁派500名警察闯入议会，拉走社会党议员，强行通过条约。愤怒的群众包围了国会，连日举行游行示威、罢工、罢课、签名、请愿等声势浩大的联合行动，反对政府践踏民主、追随美国的做法"（武寅，2002）。"到1960年7月，共举行了23次全国统一行动，参加人数超过一亿人次"（武寅，2002）。"安保运动的矛头直接指向日本的政治权力"（舒方鸿，2012）。"斗争迫使美国总统取消访日，岸信介内阁倒台"（武寅，2002）。岸信介也被迫辞职（麦克莱恩，2020）。

第二次世界大战之后，"和平主义"和"民主主义"是公民的"核心价值观"（麦克莱恩，2020），但1951年日本政府却和美国签署《日美安全保障条约》，这无疑违背了当时民众爱好和平的意愿。故这与民意背道而驰、践踏民主的政府施政遭受了民众的激烈反对，正如小说中所写的"陛下所施政治的好与不好，在平时是弄不清的——过去是不明不白地过来了。但是，弄清楚这个问题的时候正在到来"。经历过十年的斗争之后，终于，1960年，民众的斗争取得了一定的成功，岸信介内阁在社会运动的压力下被迫下台。时代的主旋律是和平民主，日本民众的心声是和平民主，而日本政府和美国签订《日美安全保障条约》的政策违背了时代的主旋律，违背了日本民众的心声，故正如小说中所写的"若是陛下的政治是正确的，民众就会帮助陛下。忠臣必定到处崛起，往赴国难。倘若陛下的政治不正确，哪怕一个人，都不会出现殉节的。总之，这个时刻到来了"（208）。1960年代政府的施政遭到民众的声讨和反对，首相最终被迫下台。由此可见，政府施政的正确与否终究会被历史和民众的选择验明。

而从20世纪60年代开始，日本社会开始通过民间外交等途径改善中日关系。1961年，池田内阁借贸易来寻求中日关系的突破，池田首相向时任美国总统肯尼迪表示，日本应与中国开展外交往来，并勉励田川诚一无论如何要实现中日邦交的正常化，松村谦三基于战争的赎罪意识致力于中日友好活动，还曾批评日本有些人唯美国马首是瞻，附和美国封锁中国的想法（舒方鸿，2012）。虽然这个时期日本对华外交政策并未做出根本性的改变，但是日本至少从1960年代开始对中日关系的改善做了一定程度的努力。

由此可见，20世纪50年代日本政府和美国签订《日美安全保障条约》，践踏民主，违背民众和平主义的意愿，激发了反安保运动，并被民众所背弃，首相迫于社会压力辞职。而从20世纪60年代开始，日本社会又重新开始有着改善中日关系的倾向。这或许正是与小说中高力士表达的对于民众对施政的看法相契合，而这其中或许正潜藏着作家对国家和社会的思考。

此外，或许井上靖本人对于政府签订《日美安全保障条约》的政策就是持不认同的态度。结合作家当时的人生经历及其伦理道德观念，对此可略知一二。1955年11月11日，日本"世界和平呼吁七人委员会"结成。随后井上靖也加入其中，成为该委员会的委员。该委员会"秉持人道主义和和平主义立场，坚持公正中道，不断向国内外呼吁通过和平对话解决国际纷争，而绝对不诉诸武力"（舒方鸿，2012）。井上靖能够加入这个委员会，说明井上靖本人对于国际纷争的态度是希望能够以一种和平的方式进行解决。井上靖面临国与国之间的关系时，秉持的是一种和平友好的思想，而不是安保条约中与中国对立的思想。并且，井上靖本人对中国抱有友好的态度，热衷于中日友好交流。"井上靖是战后文学中中国题材文学的开拓者，是战后日本第一个写中国题材文学的人"（王向远，2006）。井上靖本人并不懂中文，但创作了许多中国历史题材的小说。并且，井上靖担任日中文化交流协会会长等职务，成为两国友好的使者（王向远，2006）。此外，井上靖还多次因为中日友好交流访问中国。"自1957年起，井上靖先后27次访问中国"（牟学苑，胡波，2019）。就在《杨贵妃传》创作前夕的1961年8月，井上靖也受中国对外文化交流协会的邀请，与龟井胜一郎等一起访问中国（卢茂君，2008）。从这些行为中可以看出井上靖本人对中国的友好感情，以及他认为国与国之间的关系应该是和平友好的。由此可推知，或许井上靖对于当时日本政府和美国签订《日美安全保障条约》时践踏民主、违背民意的施政是不认同的，因此将其诉诸笔下，借小说中的高力士发表了关于民心与施政的言论，并借此表达自己的和平民主倾向。

5 结语

陈思和（2018）提到，"一个历史小说家不可能真正地复制历史，他所写的，是现代理论对于历史所做的解释的历史图像；也因此，优秀的历史小说价值不在于作家能否炫耀历史知识，正相反，它的博大、深刻以及丰富性的标志在于它对现代精神领域的贡献之大小"。在《杨贵妃传》这部历史小说中，高力士的话传达出了民众才是社会的主体，施政的好坏终究会被时间和民众所检验，施政应该顺应民意的倾向，而结合语境，当时的日本政府，在冷战背景下，不顾国内民众的反对，和美国签订并强化《日美安全保障条约》，践踏"民主主义"和"和平主义"原则，追随美国的脚步，遏制中国的发展，而此举也遭到日本民众的反对，导致首相最终被迫下台。《杨贵妃传》这部历史小说或许搭建了一座文学与日本现实社会之间对话的桥梁，而这正是该历史小说的丰富性和价值所在。直到今天，或许也依旧能够给现代人们丰富的启示。

参 考 文 献

[1]陈思和.告别橙色梦[M].广州:广东人民出版社,2018.

[2]詹姆斯·L.麦克莱恩.日本史[M].王翔,朱慧颖,王瞻瞻,译.海口:海南出版社,2020.

[3]井上靖.杨贵妃传[M].林怀秋,译.西安:陕西人民出版社,1984.

[4]卢茂君.井上靖的中国题材历史小说探究[D].长春:吉林大学,2008.

[5]牟伦海.占领初期日本"文化国家"构想中的国权与民权论争[J].日本学刊,2021(4):118-143.

[6]牟学苑,胡波.井上靖的新疆旅行与新疆游记[J].石河子大学学报(哲学社会科学版).2019,33(3):101-106.

[7]钱栖榕.周恩来与中日邦交正常化中的美日安保问题[C]//中央党史和文献研究院机构改革工作小组科研管理组,编.2017年度文献研究个人课题成果集(上).北京:中央文献出版社,2018.

[8]孙宝坤.日本"修宪"思潮的历史演变[J].华中师范大学学报(人文社会科学版),2022,61(1):123-132.

[9]舒方鸿.战后日本和平主义思想研究[D].北京:中国社会科学院,2012.

[10]王新生.战后日本史[M].南京:江苏人民出版社,2013.

[11]王向远.源头活水——日本当代历史小说与中国历史文化[M].银川:宁夏出版社,2006.

[12]武寅.热战 冷战 温战——国际大背景下的日本政治走向与中日关系[J].日本学刊,2002(4):25-37.

[13]徐睿.论二战后日本政治民主化改革[J].产业与科技论坛,2017(10):133-134.

[14]尹玲.美国对日本的安保政策研究(1961—1989)[D].长春:东北师范大学,2019.

[15]周永生.60年后,日美安保条约何去何从[N].环球时报,2020-01-19(1).

通信地址: 430074 华中科技大学外国语学院
吴 可(1423846513@qq.com)

图书在版编目(CIP)数据

外语教育.2021.上/华中科技大学外国语学院编.—武汉:华中科技大学出版社,2022.6
ISBN 978-7-5680-8214-3

Ⅰ.①外… Ⅱ.①华… Ⅲ.①外语教学-教学研究-高等学校-中国-文集 Ⅳ.①H09-53

中国版本图书馆CIP数据核字(2022)第078090号

外语教育(2021)(上)
Waiyu Jiaoyu (2021) (Shang)

华中科技大学外国语学院　编

策划编辑：刘　平
责任编辑：刘　凯
封面设计：原色设计
责任校对：张汇娟
责任监印：周治超

出版发行：华中科技大学出版社(中国·武汉)　　电话：(027)81321913
　　　　　武汉市东湖新技术开发区华工科技园　　邮编：430223
录　　排：华中科技大学出版社美编室
印　　刷：湖北新华印务有限公司
开　　本：787mm×1092mm　1/16
印　　张：11　　插页：2
字　　数：254千字
版　　次：2022年6月第1版第1次印刷
定　　价：68.00元

本书若有印装质量问题，请向出版社营销中心调换
全国免费服务热线：400-6679-118　竭诚为您服务
版权所有　侵权必究